DIE *EINE* MENSCHHEIT

Viktor Emil Frankl, 1946

anderen zu Freien.« Er ist der brutale und effektivste Zerstörer aller Werte und des Lebens. Friede hingegen ist die Voraussetzung für ein angstfreies Leben, sicheres Wirtschaften, neugieriges Forschen und langfristiges Planen. Dieses Buch mit und über Viktor Frankl erscheint deshalb zum richtigen Zeitpunkt!

gar lebensgefährlich sein. Erinnern wir uns an Mahatma Gandhi – von einem fanatischen Hindu-Nationalisten erschossen; an den ägyptischen Präsidenten Anwar al-Sadat, der als erster Araber in der Knesseth rief: »Ich komme heute zu ihnen, um ein neues Leben zu gestalten, um Frieden zu schaffen.« Zwei Jahre nach dem ägyptisch-israelischen Friedensvertrag wurde er 1991 von fundamentalistischen Armeeangehörigen erschossen. 1995 stimmte Israels Ministerpräsident Jitzchak Rabin einem Abkommen über Westjordan und Gaza zu, zwei Monate danach verletzte ihn die Kugel eines Attentäters schwer.

Es ist entscheidend, Friedensbemühungen international möglichst breit abzusichern und den positiven Beitrag eines friedlichen Kompromisses klar und überzeugend zu erklären. Es genügt sicher nicht, Konflikte einzufrieren und zeitweise die Waffen ruhen zu lassen. Um einen dauerhaften Frieden zu gewinnen, müssen aber auch Schuld und Ursachen benannt und offengelegt, Verantwortliche zur Rechenschaft gezogen, Opfer entschädigt werden. So wurden etwa die NS-Verbrechen im Nürnberger Prozess und die Schuldigen der Balkankriege am Internationalen Strafgerichtshof in Den Haag aufgearbeitet. Ähnliches ist für den Krieg gegen die Ukraine zu hoffen.

Krieg ist eben nicht die »Mutter aller Dinge«. Das korrekte Zitat von Heraklit (520–460 v. Chr.) lautet übrigens: »Krieg (*polemos!*) ist aller Dinge Vater, die einen hat er zu Sklaven gemacht, die

Persönlichkeiten die entscheidende Rolle, die für sich entschieden hatten, die ausgetretenen bequemen Pfade der Eskalationsrhetorik und Feindbildpflege zu verlassen. Sie wurden dafür angefeindet, missverstanden, beschimpft – und oft erst viel später geschätzt.

Viktor Frankl ist im gleichen Jahr wie mein Vater Ludwig geboren, 1905. Das fiel mir sofort auf und dazu seine ruhige, kluge und einfühlsame Art. Wie eben ein Vater, den ich selbst ja kaum erleben durfte – meine Eltern ließen sich scheiden, als ich drei Jahre alt war. Ich habe Viktor Frankl selbst einige Male getroffen, ihn auch in seiner Wohnung im 9. Bezirk besucht und lange – mich sehr beeindruckende – Gespräche geführt. Als Wirtschafts- und später Außenminister war ich damals mit den Folgen der blutigen Balkankriege mit 250 000 Toten und Millionen von Flüchtlingen konfrontiert. Und die entscheidende Frage damals wie heute bei den Verbrechen gegen die Menschlichkeit im Ukrainekonflikt bleibt: Was tun angesichts dieser Gräuel? Abrüstung der Worte und Waffen – und damit dem Aggressor freie Hand in der Umsetzung seiner fragwürdigen und unannehmbaren Ziele lassen? Oder dem Angegriffenen mit allen militärischen / finanziellen Ressourcen zu Hilfe eilen, damit aber vielleicht den Konflikt verlängern und weitere Opfer in Kauf nehmen.

Dieses furchtbare Dilemma kann nur gemildert, nicht aufgelöst werden. Man muss klar unterscheiden und Stellung beziehen: Als Individuum kann ich mir zugefügtes Unrecht vergeben, den Gebrauch der Waffe verweigern oder mich bedingungslos für Verhandlungen und Kompromisse einsetzen; eine Nation, die Gemeinschaft hingegen muss diese Einzelnen mit allen zur Verfügung stehenden Mitteln schützen. Jedes Zurückweichen vor einem brutalen Aggressor bringt keinen Frieden. »Si vis pacem, para bellum«, rieten die Römer. Wenn du den Frieden willst, bereite den Krieg vor.

Wahr ist, Kriege sind leichter zu beginnen als zu beenden. Umso wichtiger, jedes Fenster einer möglichen sinnvollen Beendigung von Feindschaft und Kriegen zu nutzen. Henry Kissinger hat vor Kurzem ähnlich argumentiert. Wenn es gelingen sollte, dass die Ukraine diese Auseinandersetzung besteht, so empfehle er »to exercise restraint in victory« gegenüber Russland. Und Viktor Frankl geht noch weiter. Man dürfe niemand »im Kollektiv schuldig sprechen. Eine Kollektivschuld gibt es nämlich nicht«, führte er in seiner Gedenkrede zum 50. Jahrestag des Hitler-Einmarsches aus. »Österreichern, die heute zwischen null und fünfzig Jahre alt sind, eine rückwirkende Kollektivschuld einzureden, halte ich für ein Verbrechen und einen Rückfall in die Sippenhaftung der Nazis«! Beachtliche Worte von einem, der allen Grund zu einem kritischen Urteil über unser Land hätte.

»Selig die Friedensstifter, denn sie werden Kinder Gottes heißen«, predigte Jesus einst in Galiläa. Doch Frieden stiften kann gefährlich, so-

Aber wie umgehen mit den Feinden des Friedens?

Alles wurde schon versucht. Geduldiges Verhandeln. Konzessionen, um den Aggressor zu besänftigen oder Zeit zu gewinnen. So etwa in München 1938. Oder Direktkontakte für einen Waffenstillstand mit internationaler Überwachung der Kontaktlinie – so das Minsk-Abkommen zum Einfrieren des russisch-ukrainischen Konflikts 2014. Die ernüchternden Ergebnisse sind bekannt. Viele engagierte Friedensaktivisten versuchen bis heute, durch objektive Informationen und das Organisieren von Begegnungen der Zivilgesellschaft Feindbilder abzubauen; sehr oft nur mit kurzlebiger Wirkung. Viktor Frankl hat sogar die »paradoxe Intervention« angeboten. Man könne ein bestimmtes Denken und Verhalten nicht einfach wegreden, sondern nur durch absurde Übersteigerung durchbrechen. Im israelischen Wahlkampf 2013 wurde mit solchen Videoclips experimentiert: »Wir brauchen den Konflikt – um die stärkste Armee der Welt zu haben!« Zu befürchten ist, dass bei geopolitischen Frontstellungen damit wenig auszurichten ist.

Friede – das ist ja nicht nur die Absenz von Kampfhandlungen. Friede beginnt im Herzen jedes einzelnen Menschen, muss sich in den Köpfen durchsetzen und in der Praxis bewähren. Und es gibt genügend Beispiele, wie Friede gelingen oder auch scheitern kann: Das sieben Jahrzehnte dauernde Ringen zwischen Israel und den Palästinensern, die eingefrorenen Konflikte nach dem

Zerbrechen der Sowjetunion in Moldau, Georgien, Armenien und Aserbaidschan. Die Teilung Zyperns seit 1974. Die drohende Auseinandersetzung um Taiwan. Assads Krieg gegen die eigenen Landsleute in Syrien, assistiert von Russen und Iranern. Seit dem 24. Februar 2022 die völkerrechtswidrige Invasion Russlands in der Ukraine mit bisher vermutlich 300 000 Toten und Verwundeten.

Aber auch Beispiele für das Gelingen friedlicher Lösungen gibt es: das Ende des Apartheid-Regimes in Südafrika 1992 und die friedliche Teilung der Macht zwischen Frederik Willem de Klerk und dem aus dem Gefängnis geholten Nelson Mandela. Ebenso die deutsch-französische Einigung über das Saarland im Vertrag von Luxemburg 1956. Oder die mühsame Lösung der Südtirolfrage zwischen Österreich und Italien. Über allem das wohl größte und erfolgreichste Friedensprojekt unserer Zeit – die europäische Einigung in der Union. In den 300 Jahren davor gab es immerhin 123 Kriege zwischen den Nationen Europas. Seither kommen die Mitglieder dieser Union in den Genuss von sieben Jahrzehnten Friedensdividende. Frühere Militärdiktaturen und ehemals sowjetische Satelliten wurden in Demokratien umgewandelt und integriert. In Zukunft sollte Gleiches mit den Ländern des Westbalkans, hoffentlich auch mit Moldawien und der heute kriegsgeschüttelten Ukraine gelingen.

Immer waren Misstrauen, Ängste, Propaganda, Aufrüstung zu überwinden. Ein ewiges Beginnen, Scheitern, Neuanfangen. Und immer spielten

VIKTOR E. FRANKL

DIE *EINE* MENSCHHEIT

Appelle für den Frieden

BENEVENTO

FSC
www.fsc.org
MIX
Papier | Fördert gute Waldnutzung
FSC® C014496

1. Auflage

Medieninhaber, Verleger und Herausgeber:
Red Bull Media House GmbH
Oberst-Lepperdinger-Straße 11–15
5071 Wals bei Salzburg, Österreich

Satz: MEDIA DESIGN: RIZNER.AT
Gesetzt aus der Palatino, Futura PT, Le Monde Livre Cla Std
Umschlaggestaltung: Büro Jorge Schmidt, München
Printed by GGP Media GmbH, Pößneck
ISBN 978-3-7109-0167-6

WANN IST DER RICHTIGE ZEITPUNKT, UM ÜBER FRIEDEN ZU REDEN? EIN VORWORT

Von Wolfgang Schüssel

Es mag absurd scheinen, zu diesem Zeitpunkt über »Frieden« zu schreiben. Täglich verbluten Hunderte junge Männer im Donbas, sterben Zivilisten durch russische Bomben. Die Rhetorik wird immer schriller. Die Ukraine sei ein »Niemandsland«, EU-Politiker »Schweine«; nur ein Sieg über den jeweiligen Feind sei ein akzeptables Ende des Krieges. Fortsetzung folgt …

Aber – gibt es überhaupt den richtigen Zeitpunkt, um über Frieden zu reden?

Etwa 1849? Als Victor Hugo, Präsident des Welt-Friedenskongresses, eine Rede hielt: »… ein Tag wird kommen, wo Frankreich, Russland, Italien, England, Deutschland, all Ihr Nationen des Kontinents euch zu einer höheren Gemeinschaft zusammenschließen und die große europäische Bruderschaft begründen werdet. Ein Tag wird kommen, wo es keine anderen Schlachtfelder mehr geben wird als die Märkte, die sich dem Handel öffnen. Ein Tag wird kommen, wo die Kugeln und Granaten von dem Stimmrecht ersetzt werden.«

Oder Bertha von Suttner 1889? »Keinem vernünftigen Menschen wird es einfallen, Tintenflecken mit Tinte, Ölflecken mit Öl wegwaschen zu wollen. Nur Blut soll immer wieder mit Blut abgewaschen werden?«

Jedenfalls sollten die Warnungen von John Maynard Keynes von 1919 beherzigt werden, der unter Protest die britische Delegation bei den Versailles-Verhandlungen verließ und einige Monate später seine Abrechnung veröffentlichte: »Paris was a nightmare … if the war is to end with France and Italy abusing their momentary victorious power to destroy Germany and Austria-Hungary now prostrate, they invite their own destruction also, being so deeply and inextricably intertwined with their victims.« (»Paris war ein Albtraum … wenn der Krieg damit enden soll, dass Frankreich und Italien ihre momentane siegreiche Position ausnutzen, um das nun darniederliegende Deutschland sowie Österreich-Ungarn zu zerstören, riskieren sie auch ihren eigenen Niedergang, denn sie sind unauflöslich mit ihren Opfern verwoben.«) Er entwickelte in seinem Buch *The Economic Consequences of the Peace Treaty* die Idee einer Wirtschaftsunion zwischen Siegern und Besiegten, wie sie nach der Katatrophe des Zweiten Weltkriegs mit Europäischer Einigung und Marshall-Plan umgesetzt wurde.

Viktor Frankl überlebte den Horror von drei Konzentrationslagern und wusste: »Die Völker wollen keinen Krieg … Wir hoffen mit grösster Gewissheit, dass überall auf der Welt die Kämpfer für den Frieden sich erheben werden …«

Friede sei den Menschen, die bösen Willens sind, und ein Ende sei gesetzt aller Rache und allem Reden von Strafe und Züchtigung. Aller Maßstäbe spotten die Gräueltaten; sie stehen jenseits aller Grenzen menschlicher Fassungskraft, und der Blutzeugen sind gar viele. Darum, oh Gott, wäge nicht mit der Waage der Gerechtigkeit ihrer Leiden, dass du sie ihren Henkern zurechnest, sondern lass es anders gelten.

Schreibe vielmehr den Henkern und Angebern und Verrätern und allen schlechten Menschen zugute und rechnen ihnen an all den Mut und die Seelenkraft der anderen, ihr Sichbescheiden, ihre hochgesinnte Würde, ihr stilles Mühen bei alledem, die Hoffnung, die sich nicht besiegt gab und das tapfere Lächeln, das die Tränen versiegen ließ, und alle Opfer, all die heiße Liebe, all die durchgepflügten, gequälten Herzen, die dennoch stark und immer vertrauensvoll blieben angesichts des Todes und im Tode. Alles das, oh mein Gott, soll zählen vor dir für die Vergebung der Schuld als Lösegeld, zählen für die Auferstehung der Gerechtigkeit – all das Gute soll zählen und nicht das Böse. Und für die Erinnerung unserer Feinde sollen wir nicht mehr ihre Opfer sein, nicht mehr ihr Albdruck und Gespensterschreck, vielmehr ihre Hilfe, dass sie von der Raserei ablassen … Nur das heischt man von Ihnen – und dass wir, wenn nun alles vorbei ist, wieder als Menschen unter Menschen leben dürfen und wieder Friede werde auf dieser armen Erde über den Menschen guten Willens, und dass Friede auch über die anderen komme.

Friedensgebet, 1946, Leo Baeck zugeschrieben

INHALT

Wann ist der richtige Zeitpunkt, um über Frieden zu reden?
EinVorwort *von Wolfgang Schüssel* 11

Frankls Friedensappell – eine Einleitung *von Elisabeth Lukas* 19

Die Friedensappelle von Viktor Frankl

Frieden unter uns! 37

Für einen Weltkongress der Kämpfer für den Frieden 43

In memoriam. Gedenkrede für die verstorbenen Kollegen der Gesellschaft der Ärzte in Wien 47

Das Problem des Friedens 54

Versöhnung auch im Namen der Toten.
Gedenkrede anlässlich des 40. Befreiungstages des Konzentrationslagers Türkheim 59

Alle, die guten Willens sind.
Gedenkrede anlässlich des 50. Jahrestages des Hitler-Einmarsches, Rathausplatz Wien 64

Was sagen uns die Friedensappelle heute?

Viktor Frankls Friedensappelle –
eine praktische Annäherung
von Annemarie Moser 73

Die Mutter allen Lebens.
Ohne Frieden keine Humanität – oder:
Warum Frieden menschlich ist
von Christoph Quarch 84

Genossen im Kampf für die Menschlichkeit –
drei Gedanken zu Viktor Frankls
Friedensappell *von Walter Kohl* 107

Versöhnung – nicht Rache
von Birgit Mosser-Schuöcker 115

Die Trotzmacht des Friedens
von Klaus Haselböck und Michael Holzer 128

Pax und Logos. Die Bedeutung von
Versöhnung und Frieden
von Elisabeth Lukas 141

Editorische Notiz 169

Vita von Viktor E. Frankl 171

Die Beiträgerinnen und Beiträger 172

Nachweise 176

Bundesminister Wolfgang Schüssel und Viktor Frankl anlässlich der Überreichung der Ehrenbürgerurkunde an den Autor im Wiener Rathaus, 1995.

FRANKLS FRIEDENSAPPELL – EINE EINLEITUNG

Von Elisabeth Lukas

Es war im April 2022, als Politiker höchsten Ranges in Ost und West das Wort von einem möglichen »dritten Weltkrieg« in den Mund nahmen. Ein globales Erschrecken lief um den Erdball. So mancher fragte sich bange, ob die letzten Tage der Menschheit angebrochen seien.

Dabei ist solch ein Erschrecken keinesfalls neu. Ein Dreivierteljahrhundert zuvor machten sich viele Menschen im Nachkriegseuropa ähnliche Gedanken. Im März 1949 schrieb Hans Thirring aus Wien an Viktor E. Frankl einen Brief mit den folgenden Worten (*siehe auch S. 43ff.*): »Wir halten die Entstehung einer allumfassenden Friedensbewegung und den Kontakt mit allen Kräften des Friedens für eine Notwendigkeit und bitten Sie daher, sich unserer Initiative anzuschließen.«

Die Entstehung einer allumfassenden Friedensbewegung – wäre dies nicht die dringlichste aller Notwendigkeiten auch heute im 21. Jahrhundert? Freilich haben sich inzwischen weitere Bedrohlichkeiten aller Art auf unserem Planeten eingenistet, vom Virusbefall über die dräuende Klimakrise bis hin zur radikalen Umweltverschmutzung. Aber genau solchen völkerübergreifenden Problemen können – wenn überhaupt! – nur geeinte Völker die Stirn bieten. Zerstrittene Völker, mit ihrem Streit okkupierte Völker, haben diesbezüglich keine Chance. Das bedeutet, dass der Frieden in jeder Hinsicht die Voraussetzung für gedeihliches menschliches Leben ist.

Lesen wir nach, was Frankl auf die Anfrage von Hans Thirring im Jahr 1949 geantwortet hat: »(Die) Völker wollen keinen Krieg. Sie wollen keine neue Schlächterei, keine neuen Ruinen und Verwüstungen. Und die Pflicht aller ehrlichen Menschen der Kunst, der Wissenschaft, der Literatur, die Pflicht aller demokratischen Organisationen ist es, sich mit Entschiedenheit und mit leidenschaftlichem Willen zur Einheit der Verteidigung des Friedens der Völker zu widmen (…). Wir hoffen mit größter Gewißheit, daß überall in der Welt die Kämpfer für den Frieden sich erheben werden.«

Leider hat Frankl, der zwei Weltkriege durchlitten und mit knapper Not überstanden hat, die Hoffnung auf die größte Gewissheit, dass sich nach all dem Elend und Massaker überall in der Welt Kämpfer für den Frieden erheben werden, überschätzt. Dennoch dürfen wir seiner prinzipiellen Aussage, dass die Völker keinen Krieg wollen, Glauben schenken. Die Völker wollen, wenn nur irgendwie machbar, in Frieden und Zufriedenheit leben. Doch bestehen die Völker aus unzähligen Einzelindividuen, und darunter gibt es immer welche, die aus egoistischen oder psychopathischen Motiven Friedensstörung anzetteln beziehungsweise für das Einheimsen von Eigenvorteilen in Kauf nehmen. Verfügen solche Individuen über ein hinreichendes Machtpotential, wird es brenzlig. Wir dürfen jedoch die Schuld nicht nur auf diktatorische Machthaber schieben. Ihre Macht wäre limitiert, hätten sie nicht ein Heer an Mitläufern, auf das sie sich stützen können.

Interessant an dem Antwortschreiben von Frankl ist, dass er sich mit seinem Appell unter anderem an die Frauen und an die Jugend wandte – in einer Zeit, in der dies nicht üblich war. Frankl war überzeugt, dass der leidenschaftliche Wille zur Verteidigung des Friedens schon früh in den Familien gefördert werden sollte, insbesondere von den Müttern bei ihren Söhnen und Töchtern, um eine Generation hervorzubringen, die zunehmend imstande ist, Konflikte zu lösen, ohne an Humanität einzubüßen.

Dass dies bis heute nicht gelungen ist und immer noch der Realisierung harrt, beweist eine aktuelle Statistik aus den USA. Ihr zufolge bestand 2021 die häufigste Todesursache junger Menschen im Gebrauch von Schusswaffen (!). An zweiter Stelle standen Verkehrsunfälle, und an dritter Stelle kamen Vergiftungen aufgrund von Drogenkonsum. Es ist kaum zu fassen: In einem der modernsten und demokratischsten Länder der Welt mit einem guten Teil an wohlhabenden und gebildeten Leuten kommen junge Menschen ums Leben, weil sie sich gegenseitig und andere »bekriegen«! Dabei sind alle ihre drei häufigsten Todesursachen mehr oder weniger in

Freiheit gewählt und nicht etwa Schicksalsfaktoren. Man steht in der Blüte der Jugend, aber man schießt um sich, man rast über die Fahrbahnen, man betäubt sich … warum? Frieden wäre das schiere Gegenteil davon: Man verzichtet auf Schießereien, man gestaltet den Verkehr moderat und im Einklang mit der Natur, und man schließt Frieden mit sich selbst und seinen Optionen. Frankl sprach von einer Pflicht aller ehrlichen Menschen, sich für den Frieden zu erheben, und diese Pflicht beginnt offenbar für ihn schon in den Keimzellen der Familien.

Das Bedrückende ist: Die gesamte Aussage des von Frankl 1949 unterzeichneten Dokuments könnte mit wenigen Änderungen direkt aus unserer Gegenwart stammen: »Statt Armeen und Rüstungen abzubauen … Man schafft militärische Blocks … An verschiedenen Punkten der Welt brennen wieder Kriegsherde …« Ist aus den Gräueln der vergangenen Jahrhunderte gar nichts dazugelernt worden? Kann das lernfähigste Geschöpf der Erde keine Erkenntnisse aus seinen eigenen Verfehlungen ziehen? Anders gefragt: Was muss noch alles passieren, damit derlei Erkenntnisse nicht einmal zu spät kommen?

In einem Vergleich von Gemeinschaft und Masse hat Frankl eine denkbare Erklärung für diese seltsame »Lernschwäche« des *Homo sapiens* angeboten. Während der Mensch dadurch, dass er Aufgaben in einer Gemeinschaft übernimmt, an Verantwortlichkeit gewinnt, verliert er in der Flucht oder im Untertauchen in einer Masse sein

Eigentliches, nämlich seine Verantwortlichkeit beziehungsweise sein Gefühl dafür.

Frankl: »Wahre Gemeinschaft ist wesentlich Gemeinschaft verantwortlicher Personen – bloße Masse aber nur Summe entpersönlichter Wesen.«

Das bedeutet, dass bei allen durch suggestive Propaganda hervorgerufenen Massenphänomenen, bei denen Kollektive gegen Kollektive aufgehetzt werden, eine Art »Entpersönlichung« stattfindet, die den Einzelnen scheinbar von seiner Eigenbeurteilung und Eigenverantwortung entbindet. Nicht viel besser ergeht es Soldaten, die in einen Krieg eingezogen werden und gezwungen sind, ununterbrochen sinnwidrigen und menschenverachtenden Befehlen zu gehorchen. Ihr Gefühl für persönliche Verantwortung wird bewusst auf null hinuntergeschraubt, was ebenfalls einer Entpersönlichung gleichkommt. Im Status der Entpersönlichung handeln Menschen, als wären sie Roboter ohne Gewissen und ohne ethisches Empfinden, nur darauf bedacht, aus der Masse nicht herauszutreten, der sie (freiwillig oder zwangsweise) zugehören. Ihr Menschsein wird sozusagen von der Masse verschlungen.

Demzufolge könnte die Zukunft unserer Spezies davon abhängen, was im Wettlauf letztlich als Sieger hervorgehen wird: eine Weltgemeinschaft verantwortungsbewusster Personen oder eine Masse entpersönlichter Wesen.

Frankls Sicht als Psychiater

Im August 1969 wurde Frankl gebeten, auf einer internationalen Tagung der Universität Wien zum Thema »Das Problem des Friedens« in englischer Sprache einige Aspekte zur Vermeidung von Kriegsgefahren zu erläutern. Die Quintessenz seiner damaligen Rede ist dank eines Kongressberichtes erhalten (*siehe S. 54ff.*).

Schmunzelnd bemerkte Frankl zu Anfang, dass Psychiater weder allwissend noch allmächtig seien, sie seien nur eines: allgegenwärtig, nämlich auf sämtlichen Meetings und Kongressen. Danach wurde er ernst. Tatsächlich würden gewisse Parallelen zwischen individuellen und sozialen Pathologien existieren. Zum Beispiel sei das Unheil, das überzogene »Erwartungsängste« anrichten können, nicht von der Hand zu weisen. Wenn zum Beispiel ein Sprecher sich extrem fürchtet, er werde stottern und sich vor seinen Zuhörerinnen und Zuhörern blamieren, gerät er schnell ins Stocken und Stottern, das heißt, das Gefürchtete tritt mit hoher Wahrscheinlichkeit auch ein. Dies erhöht seine Furcht, weil sie sich in seinen Augen als berechtigt herausgestellt hat, und sein Redefluss wird noch mehr gestört. Ein tragischer Kreisprozess beginnt sich einzuschleifen. Frankl stellte die Frage in den Raum: »Ist es nicht möglich, dass auch Kriege mit ausgelöst werden durch eine überhöhte Kriegsangst?« Ist es doch gerade die Kriegsangst, die zum vorzeitigen »Säbelrasseln« verleitet, sowie zu Sanktions-

und Drohgebärden dem gefürchteten Feind gegenüber, die diesen nur noch nervöser und aggressiver machen. Danach entwickelte Frankl Vorschläge, wie eine Hineinsteigerung in eine Kriegsangst beizeiten gebremst werden könnte, etwa durch vertrauensbildende Maßnahmen, Rückbesinnung auf die eigene Stabilität und Einübung in Gelassenheit.

Als Nächstes leitete Frankl auf psychotische Mechanismen über. Unter Bezugnahme auf den Verfolgungswahn, unter dem manche psychisch kranke Menschen leiden, erklärte er, dass solche Patienten dazu neigen, andere Personen ununterbrochen zu beobachten, ob diese sie verfolgen beziehungsweise ihnen etwas antun wollen. Die Kranken sind quasi von ihren eigenen (falschen) Ideen »verfolgte Verfolger«. Erst wenn man sie dazu bringen kann, ihre Beobachtung und gedankliche Verfolgung anderer Leute aufzugeben, reduziert sich ihr Verfolgtheitsgefühl. Frankl stellte die Frage in den Raum, ob man nicht auch daraus eine Lektion zur Kriegsabwehr ableiten könnte. Wie die übermäßige Angst das Gefürchtete geradezu anzieht, so erzeugt Misstrauen ein Retour-Misstrauen beim Gegner; und jedes Misstrauen schlägt sich in neuerliches Misstrauen verstärkenden »Vorsorgehandlungen wider den Gegner« (wie Abschottung, Aufrüstung, Verbündetensuche ...) nieder. Wiederum wäre zu überlegen, ob nicht ein Vertrauens- und Freundschaftsvorschuss den Feind eher entwaffnen würde als eine akribisch genaue Beobachtung seiner Aktivitäten in Hinblick auf möglicherweise zu erwartende Attacken seinerseits.

Das Geforderte ist allerdings extrem schwierig. Mut statt Angst, Vertrauen statt Misstrauen … was gewährt uns die Kraft, von dem einen ins andere hinüberzuwechseln?

In seiner Rede nimmt Frankl einen geistigen Umweg, um mit den Worten zu schließen: »Menschliche Existenz ist charakterisiert durch ihre Selbsttranszendenz. Sobald menschliches Dasein nicht mehr über sich selbst hinausweist, wird Am-Leben-Bleiben sinnlos und unattraktiv, ja fast unmöglich.«

Frankl gab Antwort auf die Frage, was uns die Kraft gewährt, Gefordertes (zur Kriegsabwehr und Friedenssicherung) zu vollbringen: Das inbrünstige Anvisieren eines sinnvollen gemeinsamen Zieles wie etwa die Eroberung einer menschenwürdigen Zukunft für alle. Sein monumentales Schlusswort sei für eine spätere Textstelle reserviert.

Frankls Sicht als KZ-Überlebender

Frankl intensivierte im KZ nicht nur sein Menschenbild, sondern sprach auch von einer »Lehre«, die er aus der schlimmsten Zeit seines Lebens mitgenommen habe. Kaum dem nahezu sicheren Tod entronnen, war er bereit, diese Lehre an interessierte Personen weiterzugeben. Man kann nicht genug staunen, dass er zwei lauernden Fallen souverän ausgewichen ist, wodurch es ihm schließlich geglückt ist, sich seelisch zu regenerieren. Die eine Falle, in die traumatisierte Menschen schnell hineintappen, ist das verbissene Schweigen und »In-sich-Hineinfressen« erlittenen Unrechts und erlittener Schmach. Was man nicht »aus sich herausbringt«, zu dem kann man nicht die notwendige Distanz finden, um es zu bearbeiten und irgendwann konstruktiv abzulegen. Die andere Falle, die auf traumatisierte Menschen lauert, ist das Suhlen im Selbstmitleid, verknüpft mit endlosen Klagen und Anklagen, die bei aller Berechtigung wie ein Strudel in immer lichtfernere Tiefen hinabziehen. Frankl vermied beides und verwandelte sein immenses Leid in eine Leistung – nicht nur, indem er es heroisch trug, sondern auch, indem er bemerkenswerte Einsichten herausmeißelte, die er sich im Leid abgerungen hatte und die für viele Arten ähnlichen Martyriums relevant sind.

Einige solcher Einsichten hat er in der Monatsschrift für österreichische Kultur *Der Turm* im Heft vom Juli 1946 zusammengefasst und publiziert (*siehe S. 37ff.*). Sie sind so ergreifend und allzeit gültig, dass sie es wert wären, in sämtlichen Schulklassen der heranwachsenden Generation übermittelt zu werden. Am Ende heißt es: »Wann kommt doch die Zeit und wo bleibt das Volk, das – so wie einst das Judentum der Welt den Monotheismus schenkte – in dessen notwendiger Ergänzung endlich der Menschheit den Monanthropismus gibt, den Glauben an die eine

Menschheit? An eine Menschheit, die nur mehr eine Unterscheidung kennt: die Unterscheidung zwischen Menschen und Un-menschen.«

Glauben an die eine Menschheit?

Wann kommt die Zeit des Monanthropismus? Immer wieder hat Frankl in seinen Reden und Schriften einen solchen zur Diskussion gebracht. Spüren wir diesem Begriff, der ihm so viel bedeutet hat, ein wenig nach.

Nun, mit dem puren Wissen um die eine Menschheit steht es nicht einmal schlecht. Die Anthropologen haben längst festgestellt, dass die gesamte Menschheit von einer prähumanen Tiergattung abstammt und sich erst im Lauf von Jahrmillionen in unterschiedliche Rassen und Formationen aufgegliedert hat. Der manchmal als naiv belächelte Satz, dass wir alle Brüder und Schwestern sind, stimmt aus weitläufiger Perspektive durchaus: Wir sind genetisch miteinander verwandt.

Auch in anderer Hinsicht hat sich dieses Wissen vertieft. Spätestens seit der Erfindung von Atombomben und Nuklearwaffen ist klar geworden, dass die gesamte Menschheit sozusagen in einem Boot sitzt. In Abständen wird ihr dies höchst ungemütlich in Erinnerung gerufen. Seit der allmählich heraufdämmernden Erkenntnis, dass sich das Klima weltumspannend aufheizt und die natürlichen Lebensgrundlagen des Menschen verkümmern, ist dieses Bewusstsein noch um etliche Grade schärfer geworden. Der Ausbruch der Pandemie im Jahr 2019 hat der Bewusstseinsverschärfung einen zusätzlichen Kick verliehen. Auch der Prozess der Globalisierung und medialen Vernetzung, der nicht nur positive Seiten hat, hat das Wissen um die eine Menschheit vorangetrieben.

Aber es ist nicht primär das Wissen, das Frankl mit seinem Anliegen gemeint hat, das er im Schlusswort seiner englischen Kongressrede von 1969 noch präzisiert hat:

Frankl: »Sollen jedoch Werte, soll ein Sinn gefunden werden, der für alle gilt, dann muß die Menschheit, nachdem sie vor Tausenden von Jahren den Monotheismus hervorbrachte, den Glauben an den einen Gott, nunmehr einen weiteren Schritt folgen lassen, nämlich das Wissen um die eine Menschheit. Mehr denn je brauchen wir heute einen Monanthropismus.«

Nicht zufällig zog er mit der Begriffsbildung des »Monanthropismus« die Parallele zum Monotheismus. Denn beim Monotheismus handelt es sich um kein Wissen, sondern um einen andächtigen Glauben an etwas Unwissbares. Auch bezüglich des Monanthropismus wollte Frankl einer Glaubensüberzeugung Raum geben, nämlich der nicht minder innigen Überzeugung, dass alle Menschen gleich wichtig und gleich würdig sind und sich als Zugehörige einer einzigen Gemeinschaft verstehen dürfen, die das Privileg hat, zum Leben erwacht zu sein, die aber auch die

Pflicht hat, dieses ihr Leben verantwortungsvoll zu verwalten und zu gestalten. Und mit der Anspielung darauf, dass die Menschheit Jahrtausende gebraucht hat, um zum Eingottglauben vorzustoßen, wollte Frankl indirekt davor warnen, dass sie nicht noch einmal Jahrtausende Zeit habe, um sich zu einem »Einemenschheitsglauben« durchzuringen. Diese Einsicht braucht es heute, wie er eindringlich – vor Jahrzehnten! – gemahnt hat.

Überlegen wir: Was kann der Glaube an die eine Menschheit bewirken? Ich denke, zweierlei, nämlich etwas im Großen und, da sich alles Große aus Kleinem konstituiert, auch etwas im Kleinen.

Betrachten wir zunächst das Große. Schon seit Längerem greift ein massiver Vertrauensverlust in die Zukunft um sich, und der »No-Future-Aufschrei« stammt nicht nur aus jungen Kehlen oder aus Gegenden erbärmlicher Lebensumstände. Auch viele Leute in den satten, reichen Ländern haben sich von der einstigen Spaß- und Fun-Gesellschaft mit ihren Selbstverwirklichungsflausen verabschiedet und in eine verwöhnt jammernde, besorgte, ängstlich-depressive Meute verwandelt. Ja, sie meutern vehement. Es ist, als hätten sie gerade erst erfasst, dass die Menschheit sterben wird. Und natürlich wird sie irgendwann sterben. Vielleicht schon lange bevor unser Planetensystem in der erlöschenden Sonne, die sich zum »roten Riesen« aufblähen wird, verglüht. (Sollte man bis dahin den oft zitierten »Planeten B« gefunden und besiedelt haben, so blüht ihm ein analoges Schicksal.) Spielt das eine Rolle? In Wirklichkeit nicht. Auf die Länge des Lebens kommt es nicht an, wie Frankl betont hat: »(...) daß Leben niemals Selbstzweck, daß seine Fortpflanzung niemals sein eigener Sinn sein kann, vielmehr erhält es seinen Sinn erst aus anderen, nichtbiologischen Bezügen (...) Das Leben transzendiert sich selbst nicht in die ›Länge‹ – im Sinne seiner eigenen Fortpflanzung –, sondern ›in die Höhe‹ – indem es einen Sinn intendiert.«

Das bedeutet, dass die zentrale Frage nicht lautet, wie lange die Menschheit fortbestehen wird, sondern ob sie während ihres Bestandes Sinnvolles intendieren, schaffen, hervorbringen wird. Ob der letzte wahre Unterschied, den Frankl geortet hat, nämlich der zwischen Menschen und Un-menschen, fallen wird, weil sich die Un-menschen »bekehrt« haben? Trotz diverser philosophischer oder literarischer Unkenrufe und Hinweise auf das widerwärtig Destruktive und Grausame, das die Menschheitsgeschichte unrühmlich durchzieht, ist die Hoffnung darauf nicht gänzlich von der Hand zu weisen. Wie viel Sinnvolles und Schönes ist doch in der kulturellen Entwicklung der Spezies Mensch bisher ebenfalls kreiert worden! Wie viel Sinnvolles und Hilfreiches ist in ihrer sozialen Entwicklung bereits etabliert worden! Wie viel Sinnvolles und Nützliches ist dank ihrer technischen Entwicklung in rasantem Tempo erfunden worden! Gewiss, die ethische Entwicklung dümpelt hinterher, aber selbst in ihr hat es Fortschritte gegeben.

Wir wissen nicht, wohin die Menschheit generell driftet, aber den Glauben daran, dass ihr eine Sinnerfüllungskompetenz eignet, die sie bei einigem guten Willen befähigen wird, den negativen Verlockungen zunehmend zu widerstehen und das Beste in sich peu à peu zur Entfaltung zu bringen, diesen Glauben sollten wir im Herzen nähren und bewahren. Es ist exakt der Glaube, der Frankl bei seinem Konzept von einem Monanthropismus vorgeschwebt haben mag.

Womit wir bei dem Kleinen angelangt sind, aus dem alles Große aufgebaut ist. Wir entstammen nämlich nicht nur alle demselben Geschlecht, wir sind auch alle geistige Personen und als solche keinesfalls miteinander verwandt. Im Gegenteil: Jede Person ist ein absolutes Novum, einzigartig in ihrem Wesen, wie Frankl nicht müde wurde zu erläutern. Seltsamerweise gründet unsere Einzigartigkeit in unserer Unvollkommenheit, denn wären wir alle vollkommen, dann wären wir alle gleich. Aber nein, jeder hat seine besonderen Stärken und Schwächen, Talente und Gaben, Grenzen und Dispositionen. Das alles ließe sich zur Not aus seinem Erbgut und den Umwelteinflüssen ableiten, aber was der Einzelne jeweils daraus macht, wozu er Ererbtes und Erzogenes verwendet, welches seiner Talente er brachliegen lässt oder welche seiner Schwächen er trotzmächtig überwindet, das bleibt »sein Geheimnis«, mit keinen inneren oder äußeren Faktoren total erklärlich. Es ist das »Material«, dem seine Einzigartigkeit entspringt.

Was aber hat unsere spezifisch humane Einzigartigkeit mit den großen Menschheitsfragen zu tun? Lesen wir wiederum bei Frankl nach: »Einzigartigkeit vermag nur dann wertvoll zu sein, wenn sie nicht Einzigartigkeit für sich ist, sondern Einzigartigkeit für die menschliche Gemeinschaft.«

Nicht umsonst wurden wir mit Geistigkeit ausgestattet. Nicht ohne Anforderung und Auftrag ist uns ein »Wille zum Sinn« in die Seele geschrieben. Jeder Einzelne kann und soll einen Beitrag dazu leisten, dass die menschliche Gemeinschaft – statt in zeitliche Länge und Bevölkerungsdichte – in die »Höhe« wächst, in ein höheres Sein hinein, als es ihr derzeitiges Niveau ist. Jeder ist auf seine persönliche Weise ein Hoffnungsschimmer für die Miniwelt, der er angehört. Es stellt keine Kunst dar, diesen Schimmer abzuwürgen und sich jeglichem Sinnangebot zu verweigern. Dazu kann man sich leicht entschließen, um danach über das Elend auf Erden zu schimpfen. Die Kunst ist vielmehr, das unfruchtbare Schimpfen zu beenden und das Elend gütig zu lindern, wo immer dies möglich ist.

Was also wird unsere Zukunft sein? Gerne möchte ich mich Frankls Appell anschließen: Lasst uns glauben an die Menschheit, an die eine, die es nur einmal gibt, durchweht vom Hauch des Geistes! Und lasst uns unbeirrt mitwirken, jeder an seinem Platz, dass man zu Recht an sie glauben darf!

DIE FRIEDENSAPPELLE VON VIKTOR FRANKL

FRIEDEN UNTER UNS!

Fragen wir uns nach der Grunderfahrung, die uns in den Konzentrationslagern wurde – in diesem Dasein im Abgrund –, dann lässt sich aus all dem von uns Erlebten als dessen Quintessenz herausstellen: Entscheidend ist der Mensch. Im Konzentrationslager wurde der Mensch eingeschmolzen auf das Wesentliche an ihm, und das Wesentliche an ihm ist das Menschliche an ihm. Im Konzentrationslager, wo alles Unwesentliche auf das Wesentliche von den Menschen wegschmolz, geschah ihnen aber auch noch ein Zweites: Die Menschen wurden zusammengeschweißt. So wurden aus Genossen des Leidens unter der Unmenschlichkeit Genossen des Kampfes für die Menschlichkeit. Wenn es nun für die Gnade des Überlebens einen Dank gibt – wenn es für das Weiterleben einen Sinn gibt, dann ist er die Fortführung des Kampfes um die Menschlichkeit.

Menschlichkeit aber fängt erst dort an, wo die Unterschiede zwischen Mensch und Mensch und zwischen den Gruppen aufhören. Von uns kann niemand mehr verlangen, dass wir unterscheiden zwischen Christen und Juden, zwischen Österreichern und Preußen, zwischen Mitgliedern der einen oder anderen Partei – nicht einmal zwischen Mitgliedern, Anwärtern, Mitläufern! Wer jedoch wäre berufener, dies zu verkünden, das Gemeinsame zu finden und das Trennende zu überwinden, als wir? Sollten wir es nicht können, wir, die wir es zu leisten vermochten inmitten der Hölle? Dort mussten wir es erlernen und dort haben wir es gelernt – jetzt müssen wir es lehren: den Anderen verstehen, wo immer er stehen mag. Denn wir brauchen Verständnis füreinander und wir brauchen Verständigung füreinander. Wen darf es da wundern, wenn wir erklären: für uns kann es nur eine Politik geben, und das ist die Politik, die – Hände reicht. Möge ja keiner glauben, eine Politik, die Hände reicht, vergibt sich etwas; umgekehrt: eine Politik, die nur ihr Programm und ihre Taktik kennt, sie begibt sich des letzten Sinnes und des Endzwecks ihres Wollens.

Wir wollen bekennen, was wir erkannt haben. Und was wir erkannt haben, das ist: der Mensch. Wir haben den Menschen erkannt als das, was er ist: als das Wesen, das jederzeit in der Entscheidung steht; ihn als solchen Menschen entdecken, heißt aber immer auch schon: ihn zu sich zu erwecken.

Wir haben den Menschen kennengelernt wie vielleicht bisher noch keine andere Generation. Das Bild vom Menschen, das wir nunmehr haben, ist uns Warnung und Mahnung und Hoffnung in einem. Welch ein Wesen ist der Mensch! Er ist das Wesen, das die Gaskammern erfunden hat, aber zugleich ist er auch das Wesen, das in die

Gaskammern gegangen ist mit stolz erhobenem Haupt und mit dem Vaterunser auf den Lippen, oder dem Kaddesch (dem jüdischen Totengebet) oder der Marseillaise.

Wann kommt noch die Zeit, und wo bleibt das Volk, das – so wie einst das Judentum der Welt den Montheismus schenkte – in dessen notwendiger Ergänzung endlich der Menschheit den Monanthropismus gibt, den Glauben an die eine Menschheit? An eine Menschheit, die nur mehr eine Unterscheidung kennt: die Unterscheidung zwischen Menschen und Un-menschen.

Wien, im Juli 1946, Erstveröffentlichung in Der Turm

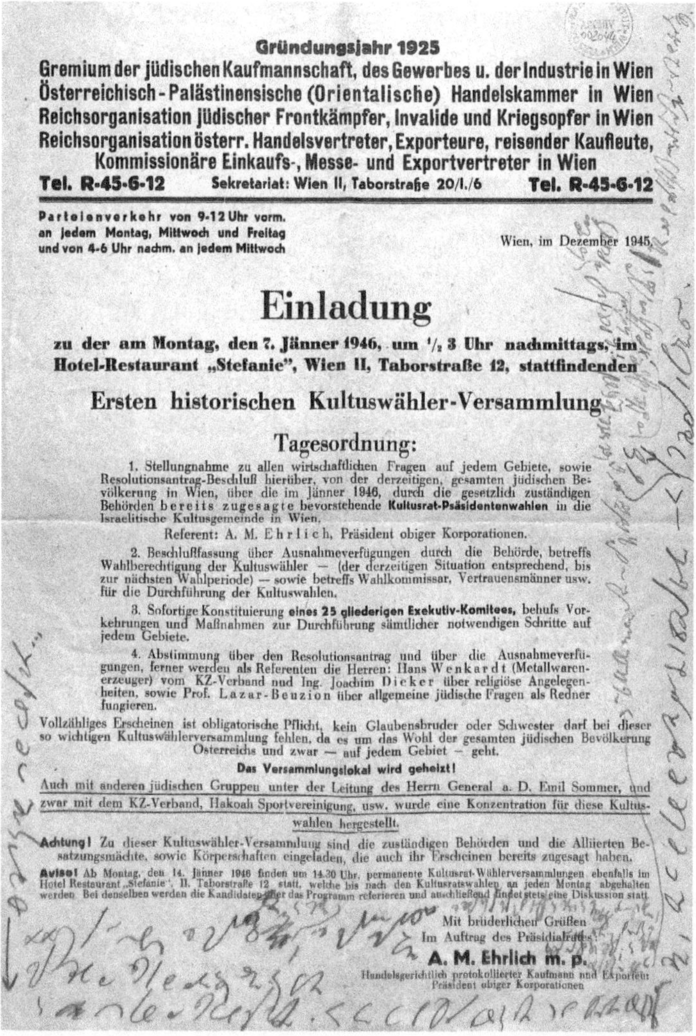

Gründungsjahr 1925

Gremium der jüdischen Kaufmannschaft, des Gewerbes u. der Industrie in Wien
Österreichisch-Palästinensische (Orientalische) Handelskammer in Wien
Reichsorganisation jüdischer Frontkämpfer, Invalide und Kriegsopfer in Wien
Reichsorganisation österr. Handelsvertreter, Exporteure, reisender Kaufleute, Kommissionäre Einkaufs-, Messe- und Exportvertreter in Wien

Tel. R-45-6-12 Sekretariat: Wien II, Taborstraße 20/I./6 Tel. R-45-6-12

Parteienverkehr von 9-12 Uhr vorm. an jedem Montag, Mittwoch und Freitag und von 4-6 Uhr nachm. an jedem Mittwoch

Wien, im Dezember 1945.

Einladung

zu der am Montag, den 7. Jänner 1946, um ½ 3 Uhr nachmittags, im Hotel-Restaurant „Stefanie", Wien II, Taborstraße 12, stattfindenden

Ersten historischen Kultuswähler-Versammlung

Tagesordnung:

1. Stellungnahme zu allen wirtschaftlichen Fragen auf jedem Gebiete, sowie Resolutionsantrag-Beschluß hierüber, von der derzeitigen, gesamten jüdischen Bevölkerung in Wien, über die im Jänner 1946, durch die gesetzlich zuständigen Behörden bereits zugesagte bevorstehende **Kultusrat-Psäsidentenwahlen** in die Israelitische Kultusgemeinde in Wien.
Referent: A. M. Ehrlich, Präsident obiger Korporationen.

2. Beschlußfassung über Ausnahmeverfügungen durch die Behörde, betreffs Wahlberechtigung der Kultuswähler — (der derzeitigen Situation entsprechend, bis zur nächsten Wahlperiode) — sowie betreffs Wahlkommissar, Vertrauensmänner usw. für die Durchführung der Kultuswahlen.

3. Sofortige Konstituierung **eines 25 gliederigen Exekutiv-Komitees,** behufs Vorkehrungen und Maßnahmen zur Durchführung sämtlicher notwendigen Schritte auf jedem Gebiete.

4. Abstimmung über den Resolutionsantrag und über die Ausnahmeverfügungen, ferner werden als Referenten die Herren: Hans Wenkardt (Metallwarenerzeuger) vom KZ-Verband und Ing. Joachim Dicker über religiöse Angelegenheiten, sowie Prof. Lazar-Benzion über allgemeine jüdische Fragen als Redner fungieren.

Vollzähliges Erscheinen ist obligatorische Pflicht, kein Glaubensbruder oder Schwester darf bei dieser so wichtigen Kultuswählerversammlung fehlen, da es um das Wohl der gesamten jüdischen Bevölkerung Österreichs und zwar — auf jedem Gebiet — geht.

Das Versammlungslokal wird geheizt!

Auch mit anderen jüdischen Gruppen unter der Leitung des Herrn General a. D. Emil Sommer, und zwar mit dem KZ-Verband, Hakoah Sportvereinigung, usw. wurde eine Konzentration für diese Kultuswahlen hergestellt.

Achtung! Zu dieser Kultuswähler-Versammlung sind die zuständigen Behörden und die Alliierten Besatzungsmächte, sowie Körperschaften eingeladen, die auch ihr Erscheinen bereits zugesagt haben.

Aviso! Ab Montag, den 14. Jänner 1946 finden um 14.30 Uhr, permanente Kultusrat-Wählerversammlungen ebenfalls im Hotel Restaurant „Stefanie", II. Taborstraße 12 statt, welche bis nach den Kultusratswahlen an jeden Montag abgehalten werden. Bei denselben werden die Kandidaten über das Programm referieren und anschließend findet stets eine Diskussion statt.

Mit brüderlichen Grüßen
Im Auftrag des Präsidialrates:
A. M. Ehrlich m. p.
Handelsgerichtlich protokollierter Kaufmann und Exporteur
Präsident obiger Korporationen

Am 7. Januar 1946 wurde die kleine Gruppe jüdischer Überlebender in Wien zur sogenannten Ersten historischen Kultuswähler-Versammlung eingeladen. Viktor Frankl hörte sich an diesem Tag verschiedene Reden an

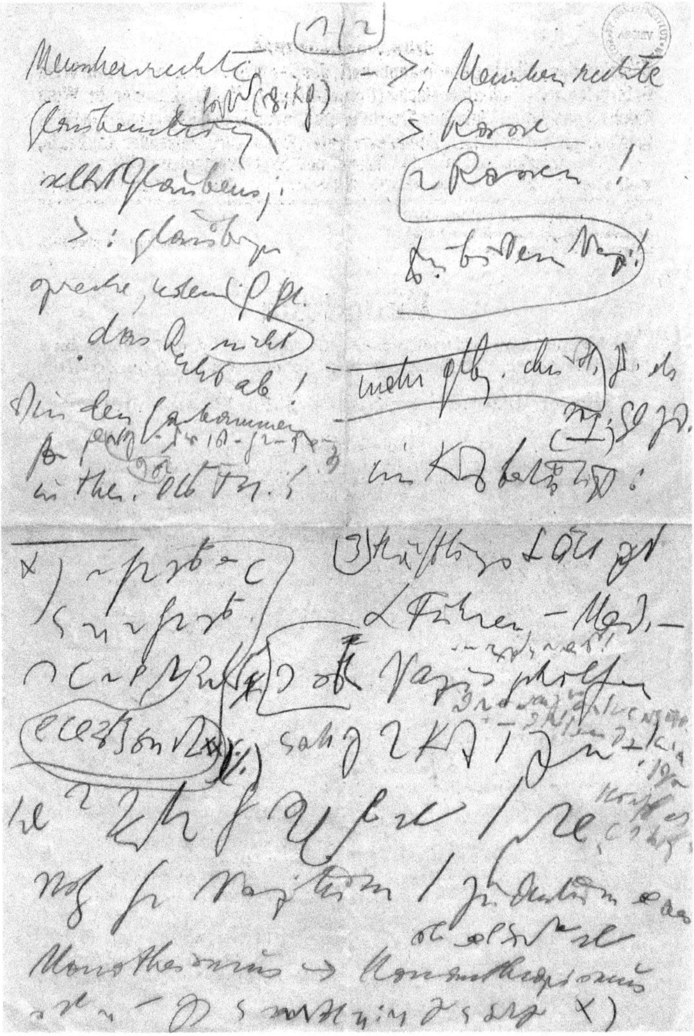

und machte sich auf der Rückseite der Einladung Skizzen und Notizen unter anderem zu »Menschenrechte«, »Rasse«, »Glaube«. In der vorletzten Zeile erwähnte er zum ersten Mal seine Idee des »Monanthropismus«.

Viktor Frankl spricht am Institut für Friedenswissenschaft und Völkerverständigung, 1949

FÜR EINEN WELTKONGRESS DER KÄMPFER FÜR DEN FRIEDEN

Prof. Dr. Hans Thirring Wien, den 21. März 1949
Wien IX, Strudlhofgasse 13
Herrn
Doktor Viktor Frankl
Wien IX, Mariannengasse 1

Sehr geehrter Herr Doktor!

Im Namen von Franz Theodor Csokor, Ehrenpräsident der österreichischen Friedensgesellschaft, Ernst Fischer und Professor Edwin Rollet, die gemeinsam mit mir das beiliegende Telegramm an das »Internationale Büro der Intellektuellen für den Frieden« in Paris unterzeichnet haben, übersende ich Ihnen den Aufruf des genannten Büros zur Verbreitung eines Weltfriedenskongresses. Wir halten die Entstehung einer allumfassenden Friedensbewegung und den Kontakt mit allen Kräften des Friedens für eine Notwendigkeit und bitten Sie daher, sich unserer Initiative anzuschließen, das beiliegende Telegramm zu unterzeichnen und an meine Adresse einzusenden.

Ihrer zustimmenden Antwort entgegensehend grüßt Sie mit vorzüglicher Hochachtung

Ihr Hans Thirring

Frankls Antwortschreiben

Das »Internationale Bureau der Intellektuellen für den Frieden« (Bureau Internationale de liaison des Intellectuels pour la paix), »Der Weltbund Demokratischer Frauen« (La Federation Democratique de femmes« und die unterzeichneten Persönlichkeiten sind durch die immer stärker werdende Bedrohung des Friedens beunruhigt.

In verschiedenen Ländern säen Presse, Rundfunk und Männer der Politik offen Feindschaft und Haß gegen andere Länder und machen Propaganda für einen neuen Krieg. Statt Armeen und Rüstungen abzubauen, wie man es nach dem Ende des Weltkrieges hätte erwarten müssen, beschreitet man den Weg der Aufrüstung.

Man schafft militärische Blocks, die eine Bedrohung des friedlichen Zusammenlebens der Völker darstellen. An verschiedenen Punkten der Welt brennen wieder Kriegsherde, entfacht und erhalten durch Intervention fremder Länder und durch direktes Eingreifen ihrer bewaffneten Kräfte.

Aber die Völker wollen keinen Krieg. Sie wollen keine neue Schlächterei, keine neuen Ruinen und Verwüstungen. Und die Pflicht aller ehrlichen Menschen, der Männer der Kunst, der Wissenschaft, der Literatur, die Pflicht aller demokratischen Organisationen ist es, sich mit Entschiedenheit und mit leidenschaftlichem Willen zur Einheit der Verteidigung des Friedens der Völker zu widmen. Deshalb wenden wir uns an alle demokratischen Organisationen, deren natürliche Aufgabe die Verteidigung des Friedens ist und an alle fortschrittlichen Menschen aller Länder: an die Gewerkschaften, Frauenbewegung, an die Jugend und ihre internationalen Organisationen, an die Bauern, an die Genossenschaften, an religiöse und kulturelle Organisationen, an die Wissenschaftler, Schriftsteller, die Journalisten, Künstler, demokratischen Politiker, an alle, die für den Frieden sind. Und wir rufen sie auf und bitten sie, sich zu sammeln, um im April dieses Jahres einen Weltkongreß der Kämpfer für den Frieden einzuberufen, deren Zweck es sein wird, alle Kräfte der Völker aller Länder zur Verteidigung des Friedens zu vereinigen. Wir hoffen mit größter Gewissheit, daß überall in der Welt die Kämpfer für den Frieden sich erheben werden.

Wien, im März 1949

Viktor Frankl, Porträtfoto 1969

IN MEMORIAM. GEDENKREDE FÜR DIE VERSTORBENEN KOLLEGEN DER GESELLSCHAFT DER ÄRZTE IN WIEN

In memoriam ... Zum Gedenken ... »Was ist der Mensch, dass Du seiner gedenkst?« So lautet eine Frage, die der Psalmist an Gott richtet. Lassen Sie uns diese Frage hier und heute an uns selber richten und fragen: Was waren die toten Kollegen, dass wir an diesem Tage ihrer gedenken? Nun, wie sie von 1938 bis 1945 in Ihrer Mitte, wie sie im Kerker und wie sie in der Verbannung gelebt und gestorben, das wissen Sie oder hat man Ihnen aus früheren Anlässen bereits berichtet. Meine Aufgabe ist es, vor Ihnen Zeugnis abzulegen, wie Wiener Ärzte in den Konzentrationslagern geschmachtet und gewirkt haben; Zeugnis abzulegen von wahren Ärzten, die als Ärzte gelebt haben und als Ärzte gestorben sind; von wahren Ärzten, die Andere nicht leiden sehen, nicht leiden lassen konnten, selber aber zu leiden verstanden, selber das rechte Leiden zu leiden wussten – das aufrechte Leiden!

Es war im Sommer 1942. Allenthalben wurden Menschen, wurden unter ihnen Ärzte deportiert. Da traf ich eines Abends am Praterstern eine junge

Dermatologin. Wir sprachen vom Arztsein in dieser Zeit, vom Aufrag des Arztes in dieser Zeit. Und wir kamen auf Albert Schweitzer zu sprechen, den Urwalddoktor von Lambarene, und auf unsere Bewunderung für ihn. Und dann sprachen wir davon, dass wir uns wohl nicht zu beklagen hätten über einen Mangel an Gelegenheit, diesem vorbildlichen Arzt und Menschen nachzueifern: Wir hatten wahrlich Chancen genug, gleich ihm unter denkbar ungünstigsten Umständen ärztliche Hilfe zu leisten. Wir hätten wahrlich nicht erst in den afrikanischen Urwald zu reisen gebraucht. Von alledem sprachen wir damals, und wir versprachen einander an diesem Abend, eine solche Chance darin zu sehen, wenn der Tag kommen sollte, da auch wir deportiert würden. Um weniges später war dieser Tag gekommen. Allein, der jungen Kollegin war nicht viel Zeit gelassen, die Chance zu nützen, die sie aus ihrem ärztlichen Ethos heraus in der Deportierung gesehen hatte: Kurze Zeit nach ihrer Ankunft im Lager zog sie sich eine Typhusinfektion zu. Wenige Wochen später war sie tot. Ihr Name ist Dr. Gisa Gerbel. Wir gedenken ihrer …

Dann war da ein Armenarzt aus dem sechzehnten Bezirk – nicht anders bekannt in Wien als unter dem Namen »der Engel von Ottakring«; eine Urwiener Type – ein Mann, der noch im Lager von nichts anderem schwärmte als von Wiedersehensfeiern bei einem Wiener Heurigen, und dann mit seligen Blicken und Tränen in den Augen das Heurigenlied anstimmen konnte: »Erst wenn's aus wird sein ...« Das war der Engel von Ottakring; aber wer hat ihn selbst beschützt, gleich einem Schutzengel – damals, als er in Auschwitz vor meinen Augen vom Bahnhof weg auf die linke Seite dirigiert wurde – und das hieß: direkt in die Gaskammer? ... Das war der Engel von Ottakring. Sein Name ist Dr. Plautus. Wir gedenken seiner ...

Dann war da Dr. Lamberg – der Sohn des ersten Chefarztes der weltberühmten Wiener Freiwilligen Rettungsgesellschaft –, allen Erste-Hilfe-Schülern wohlbekannt von seinem Lehrbuch her. Dr. Lamberg war ein Weltmann im Aussehen wie im Aufreten. Das weiß jeder, der diesen prächtigen Menschen jemals gesehen hat. Nun, ich habe ihn auch gesehen, als er in einer halb unterirdischen Baracke im Sterben lag, inmitten Dutzender, eng nebeneinander liegender, halbverhungerter Gestalten; und seine letzte Bitte an mich war: die Leiche, die neben und halb auf ihm lag, doch ein wenig beiseite zu rücken ... Das war der einstige Weltmann Dr. Lamberg – einer der wenigen Lagerkameraden, mit denen man selbst noch bei der schwersten Arbeit an Bahngeleisen im Schneesturm philosophische und religiöse Gespräche führen konnte. Wir gedenken seiner ...

Dann war da Frau Dr. Martha Rappaport, meine einstige Assistentin am Wiener Rothschild-Spital, aber auch schon Assistenzärztin einstmals unter Wagner-Jauregg. Eine Frau mit einem Herzen, das niemanden weinen sehen konnte, ohne selber zu Tränen gerührt zu sein. Wer hat um sie geweint, als sie deportiert wurde? – Das war Frau Dr. Rappaport. Wir gedenken ihrer …

Dann waren da, vom gleichen Spital, ein junger Chirurg, Dr. Paul Fürst, und ein weiterer Arzt, Dr. Ernst Rosenberg. Beide konnte ich im Lager sprechen, kurz bevor sie dort starben. Und es war in ihren letzten Worten kein einziges Wort des Hasses – nur Worte der Sehnsucht kamen über ihre Lippen – und Worte des Verzeihens; denn was sie haßten und was wir hassen, sind niemals Menschen – Menschen muss man verzeihen können; was sie hassten, war nur das System – das die einen in Schuld brachte – und den andern den Tod brachte.

Ich habe wenige Namen genannt, und die nicht dem wissenschaftlichen Rang nach; ich spreche von Einzelnen, aber ich meine alle mitsammen. Die wenigen aber müssen für die vielen stehen: denn die vielen könnte keine Chronik fassen, die von Menschenhand aufgezeichnet würde. Aber sie bedürfen auch gar nicht einer Chronik, sie bedürfen auch nicht eines Gedenksteins; denn jede Tat ist ihr eigenes Denkmal – unvergänglicher als eines, das bloß unserer Hände Werk ist.

Denn die Tat eines Menschen läßt sich nicht ungeschehen machen; was er getan, lässt sich nicht aus der Welt schaffen. Und es ist nicht wahr, dass es in der Vergangenheit unwiederbringlich verloren sei, sondern in der Vergangenheit ist es untilgbar geborgen! Es ist richtig: In jenen Jahren wurde das Arzttum geschändet. Aber ebenso wahr ist, dass es in jenen Jahren auch hochgehalten wurde. Die einen Ärzte haben in den Lagern an Todgeweihten experimentiert; aber andere gab es, die hier an sich selbst experimentiert haben, und ich erinnere mich eines Berliner Nervenarztes, mit dem ich in der finsteren Baracke so manche nächtliche Zwiegespräche gehalten hatte, etwa über aktuelle Probleme der modernen Psychotherapie; als er im Lager starb, hielt er das Erlebnis der letzten Stunden in Form einer Selbstschilderung schriftlich fest.

Überhaupt war das Erlebnis des Konzentrationslagers ein einziges großes Experiment – ein wahres *experimentum crucis.* Unsere toten Kollegen haben es ehrenvoll bestanden. Sie haben uns bewiesen, dass der Mensch es in der Hand hat, auch unter den ungünstigsten, den unwürdigsten Bedingungen noch Mensch zu bleiben – wahrer Mensch und wahrer Arzt. Was denen, die diesen Beweis erbrachten, zur Ehre gereicht, soll aber uns eine Lehre sein, soll uns lehren, was der Mensch ist und was er sein kann.

Was also ist der Mensch? Wir haben ihn kennen gelernt, wie vielleicht noch keine Generation vor uns; wir haben ihn kennen gelernt im Lager – im Lager, wo alles Unwesentliche vom Menschen weggeschmolzen war: wo alles fortfiel, was einer besessen hatte: Geld – Macht – Ruhm – Glück – wo nur mehr das übrigblieb, was ein Mensch nicht »haben« kann, sondern was er »sein!« muß: was übrigblieb, war der Mensch selbst – verbrannt vom Schmerz und durchglüht vom Leid, wurde er eingeschmolzen auf das Wesentliche in ihm, auf das Menschliche.

Was also ist der Mensch? So fragen wir nochmals. Er ist ein Wesen, das immer entscheidet, was es ist. Ein Wesen, das in sich gleichermaßen die Möglichkeit birgt, auf das Niveau eines Tieres herabzusinken oder sich zu einem heiligmäßigen Leben aufzuschwingen. Der Mensch ist jenes Wesen, das immerhin die Gaskammern erfunden hat; aber er ist zugleich auch jenes Wesen, das in ebendiese Gaskammern hineingeschritten ist in aufrechter Haltung und das Vaterunser oder das jüdische Sterbegebet auf den Lippen.

Das also ist der Mensch. Und nun wissen wir auch die Antwort auf die Frage, die wir uns im Anfang gestellt: Was ist der Mensch, dass wir seiner gedenken? »Er ist ein Schilfrohr« hat Pascal gesagt, »– aber ein Schilfrohr, das denkt!« Und dieses Denken, dieses Bewußtsein, dieses Verantwortlichsein – es macht die Würde des Menschen aus, die Würde jedes einzelnen Menschen. Und es liegt ganz und gar immer nur am einzelnen Menschen, ob er sie mit Füßen tritt – oder ob er sie wahrt. So wie das eine das persönliche Verdienst eines Menschen ausmacht – so das andere seine persönliche Schuld. Und es gibt nur persönliche Schuld! Niemals aber dürfte die Rede sein von Kollektivschuld! Freilich: es gibt auch die persönliche Schuld eines Menschen, der zwar »nichts getan« hat – aber so manches unterlassen, unterlassen aus Angst um sich selbst oder aus dem Zittern um seine Angehörigen. Wer aber einem solchen Menschen zum Vorwurf machen will, dass er ein »Feigling« war, der müsste zuvor für seine eigene Person unter Beweis gestellt haben, dass er selber in der gleichen Situation ein Held gewesen wäre. Doch ist es nicht besser, nicht allzusehr mit andern ins Gericht zu gehen? – Paul Valéry hat einmal gesagt: »Si nous jugeons et accusons, le fond n'est pas atteint« – solang wir noch rechten und anklagen, ist der Grund nicht erreicht. Und so wollen wir denn nicht nur gedenken, der Toten, sondern auch verzeihen, den Lebenden. So wie wir den Toten die Hand reichen, hinweg über alle Gräber, so wollen wir sie auch den Lebenden entgegenstrecken – hinweg über allen Hass. Und wenn wir sprechen: Ehre sei den Toten – so wollen wir auch hinzusetzen: – und Friede allen Lebenden, die guten Willens sind.

Wien, 25. März 1949

DAS PROBLEM DES FRIEDENS

Professor Viktor E. Frankl, M.D. Ph.D.
University of Vienna Medical School
(Head, Department of Neurology, Poliklinik Hospital of Vienna)

When the invitation to address this meeting was extended to me I was somewhat reluctant to accept it because I do not belong to that sort of psychiatrists who seem to be imbued with a sense of omniscience and omnipotence inducing them to dabble in fields scarcely connected with their own. We psychiatrists do not even know how to cure schizophrenia, even less, what schizophrenia really is. How can we tell people how to prevent wars? The omniscience of psychiatrists is a myth, their omnipotence is faith. But the omnipresence of psychiatrists at international meetings is fact.

And yet it may well be that psychiatrists have something to offer even at a meeting such as this. In fact, there are parallels between individual and social pathology. There are, for instance, certain neurotic mechanisms, more specifically, circle formations, and what seems to be most important, is the vicious circle formed by anticipatory anxiety. Fear tends to make come true the very things one fears. A speaker who is afraid of blushing and stuttering during his public appearance, not only actually starts blushing and stuttering. The occurence of things feared also reinforces his fear, and the recurrence of these things is precipitated. Is it not possible that wars, too, are triggered off by fear of war? And should it not be possible to devise and develop techniques that allow to break up the vicious circle and thus parallel those techniques which are available in psychiatry?

What also comes to mind in this context is a psychotic rather than neurotic mechanism. I refer to a certain type of patients suffering from delusions of persecution. Such patients often observe other people incessantly in order to find out who persecutes whom. For these patients psychiatry has coined the term "persecuteur persecuté". Once, however, that they stop observing and that way persecuting other people, their own feeling of being persecuted suddenly subsides. Is there no lesson to learn? Distrust generates distrust on the part of others; this however, seems to justify one's own distrust and thereby reinforces it. Cannot this, too, be applied to the prevention of wars?

One has defined war as politics with other means. However, I think that this only holds for one sort of politicians. But there are two sorts of politicians. There is one to whom the end seems to justify any means, and there is another who is alert and aware that there are means which would desecrate even the most holy end.

It is obvious that the subject boils down to an axiological issue. What exactly is the end? If it is a value – are there values shared by people and peoples? Are there common denominators as to what they feel makes their lives worth living! The only thing I know for sure is that survival cannot be the supreme value. Being human means relating, and being directed, to something other than itself. The human reality is characterized by its self-transcendent quality. Unless life points to something beyond itself, survival is pointless and meaningless. It is not even possible. This is the lesson I have learned in 3 years spent in Auschwitz and Dachau, and it has been confirmed by psychiatrists in prisoner of war camps. Only those were likely to survive who were oriented toward the future, toward a goal in the future, toward a meaning to fulfill in the future. Something analogous may well hold for the survival of mankind.

However, if common values and meanings are to be found, another step has to be taken, after mankind, thousands of years ago, has developed monotheism, the belief in the one God. Today this is not enough, this will not do. What we need at present is not only monotheism but also – mon-anthropism, not only the belief in the one God but also the awareness of the one mankind, the awareness of the unity of humanity.

***

Univ. Prof. Dr. Viktor Frankl
Vorstand der Wiener neurologischen Poliklinik
sprach in Englisch und führte aus:

Der Krieg wurde bekanntlich definiert als die Fortsetzung der Politik mit anderen Mitteln. Dies gilt jedoch nur von dem einen der zwei Typen von Politik, die ich persönlich unterscheide. Für die eine Politik scheint der Zweck jedes Mittel zu heiligen. Die andere Politik hingegen weiß sehr wohl, da[ss] es Mittel gibt, die selbst den heiligsten Zweck entweihen vermöchten.

Es ist klar, dass dies alles letzten Endes auf eine Wertfrage hinausläuft. Was ist der »Zweck«? Wenn es sich um einen Wert handelt – gibt es Werte, die von ganzen Gruppen anerkannt werden? Und gibt es gemeinsame Nenner bezüglich dessen, was für diese Gruppen überhaupt erst das Leben lebenswert macht.

Wenn diesbezüglich eines feststeht, dann ist es das folgende: Bloßes Überleben kann nicht der höchste Wert sein. Mensch sein heißt ausgerichtet und hingeordnet sein auf etwas, das wieder nicht es selbst ist. Menschliche Existenz ist charakterisiert durch ihre Selbsttranszendenz. Sobald menschliches Dasein nicht mehr über sich selbst hinausweist, wird Am-Leben-bleiben sinnlos, ja unmöglich. Dies war zumindest die Lehrer, die mir in drei Jahren zuteil wurde, die ich in Auschwitz und Dachau verbringen musste, und inzwischen konnten Militärpsychiater in aller Welt bestätigen, dass jene Kriegsgefangenen noch am ehesten fähig waren zu überleben, die auf die Zukunft hin orientiert waren, auf ein Ziel in der Zukunft, auf einen Sinn, den in der Zukunft zu erfüllen es galt. Sollte Analoges nicht auch dort gelten, wo es um die Menschheit und deren Überleben geht?

Sollten jedoch Werte, soll ein Sinn gefunden werden, der für alle gilt, dann muss die Menschheit, nachdem sie vor Tausenden von Jahren den Monotheismus hervorbrachte, den Glauben an den einen Gott, nunmehr einen weiteren Schritt folgen lassen, nämlich das Wissen um die eine Menschheit. Mehr denn je brauchen wir heute einen Monanthropismus.

VERSÖHNUNG AUCH IM NAMEN DER TOTEN. GEDENKREDE ANLÄSSLICH DES 40. BEFREIUNGSTAGES DES KONZENTRATIONSLAGERS TÜRKHEIM

Verehrte Festgäste,
zunächst danke ich Ihnen dafür, dass Sie mir die Ehre erwiesen haben, mich einzuladen. Damit haben Sie mich ermächtigt, das Wort zu ergreifen, und so bin ich denn auch berechtigt, im Namen der Toten zu sprechen.

Meine Geburtsstadt ist Wien; aber Türkheim ist die Stätte meiner Wiedergeburt. Wiedergeburt nach Ablauf der ersten Hälfte meines Lebens. Vor kurzem bin ich 80 geworden, und meinen 40. Geburtstag habe ich im Konzentrationslager Türkheim verbracht. Mein Geburtstagsgeschenk bestand darin, dass ich nach wochenlangem Fleckfieber zum ersten Mal fieberfrei war.

So gilt denn mein erster Gruß den toten Kameraden. Mein erster Dank jedoch ergeht an die Gymnasiasten, die den Gedenkstein gestaltet haben. Und ich danke ihnen auch im Namen der Toten, denen er gewidmet ist. Ich muss aber auch denen Dank sagen, die uns befreit haben, die uns

Überlebenden das Leben gerettet haben, und möchte Ihnen eine kleine Geschichte erzählen. Als ich vor ein paar Jahren in der Hauptstadt von Texas an deren Universität eine Vorlesung über die von mir begründete Psychotherapie, die so genannte Logotherapie, halten mußte, verlieh mir der Bürgermeister die Ehrenbürgerschaft. Ich antwortete, statt mich zum Ehrenbürger seiner Stadt zu machen, müsste eigentlich ich ihn zum »Ehrenlogotherapeuten« ernennen. Denn wenn nicht junge Männer aus Texas ihr Leben eingesetzt und einzelne unter ihnen es auch geopfert hätten, um uns zu befreien, hätte es vom 27. April 1945 an keinen Viktor Frankl, geschweige denn eine Logotherapie gegeben. Dem Bürgermeister kamen die Tränen.

Nun muss ich aber auch den Bürgern von Türkheim danken! Wann immer ich an der United States International University in Kalifornien die letzte Vorlesung im Semester hielt, pflegte ich auf Wunsch der Studenten eine Reihe von Dias zu zeigen: Aufnahmen, die ich [von den Lagern] gemacht hatte – nach dem Krieg. Und am Schluß zeigte ich ihnen immer ein Dia, das ich dort drüben jenseits des Bahndamms vor einem großen Bauernhof gemacht hatte, vor dem ich die ganze Großfamilie sich versammeln ließ. Das waren die Leute, die während der letzten Kriegstage unter Lebensgefahr ungarische Judenmädchen, die aus dem Lager geflohen waren, bei sich versteckt hatten! Damit wollte ich demonstrieren, was meine tiefste Überzeugung ist – und bereits vom ersten

Nachkriegstag an gewesen war: dass es nämlich keine Kollektivschuld gibt! Geschweige denn eine – wenn ich es so benennen darf – retrograde Kollektivschuld; das heißt, dass man jemanden für mitverantwortlich hält für das, was die Eltern- oder gar die Großelterngeneration einmal getan haben mag.

Schuld kann nur persönliche Schuld sein – Schuld für das, was einer selber getan oder aber auch unterlassen hat, was zu tun er verabsäumt hat. Aber auch dann müssen wir ein gewisses Verständnis aufbringen für das Bangen der Betreffenden um ihre Freiheit, ja um ihr Leben, und nicht zuletzt um das Schicksal ihrer Familie. Gewiss: es hat solche gegeben, die es trotzdem vorgezogen haben, sich in ein KZ stecken zu lassen, und nicht ihrer Überzeugung untreu geworden sind. Aber eigentlich darf man Heroismus nur von einem verlangen, und das ist man selbst. Zumindest ist nur derjenige wirklich berechtigt, Heroismus von anderen zu fordern, der zunächst einmal für seine eigene Person unter Beweis gestellt hat, dass er lieber ins KZ gegangen ist als sich anzupassen oder Kompromisse einzugehen. Wer aber im sicheren Ausland saß, der darf nicht von anderen verlangen, lieber in den Tod zu gehen als Opportunismus zu betreiben. Und siehe da: diejenigen, die im Lager waren, urteilen im allgemeinen viel milder als etwa die Emigranten, die ihre Freiheit retten konnten, oder diejenigen, die erst Jahrzehnte später überhaupt zur Welt gekommen sind.

Zum Schluss kann ich aber nicht umhin, auch einem Manne zu danken, der diese Danksagung leider nicht mehr erleben konnte. Ich meine den Kommandanten des Türkheimer Lagers, Herrn Hofmann. Ich sehe ihn noch vor mir, als wir aus dem Lager Kaufering III ankamen, in zerfetzter Kleidung, frierend, ohne Decken; und wie er ganz frei von der Leber weg zu schimpfen begann, weil er so entsetzt war darüber, dass man uns in diesem Zustand hergeschickt hatte. Er war es auch, der insgeheim, wie sich nachträglich herausstellte, aus eigener Tasche Medikamente einkaufte – für seine jüdischen Häftlinge.

Vor wenigen Jahren habe ich einmal einige Türkheimer Bürger, die Lagerinsassen geholfen hatten, zu einem Beisammensein in einem hiesigen Gasthof eingeladen; auch Herrn Hofmann wollte ich kommen lassen, da stellte sich aber heraus, dass er kurz vorher gestorben war. Von einem geistlichen Rat, den Sie alle gewiß kennen (auch er ist inzwischen verstorben), weiß ich nun, dass gerade Herr Hofmann, der es am allerwenigsten nötig gehabt hätte, bis an sein Lebensende von Selbstvorwürfen geplagt war – wie gern, und wie überzeugt, hätte ich ihm Erleichterung verschafft.

Nun werden Sie einwenden: alles recht schön, aber bei Menschen wie Herrn Hofmann handelt es sich um Ausnahmen. Mag sein. Aber auf die kommt es an. Zumindest dort, wo es um Verständnis, Vergebung, Versöhnung geht! Und ich fühle mich dazu legitimiert, das zu sagen, denn es war niemand Geringerer als der berühmte verstorbene Rabbiner Leo Baeck, der bereits im Jahre 1945 – stellen Sie sich vor, 1945! – ein »Gebet um Versöhnung« verfaßt hat, in dem er ausdrücklich sagt: »Nur das Gute soll zählen!«

Und wenn Sie mir vorhalten, dass es doch so wenig Gutes gab, dann kann ich nur antworten mit den Worten eines anderen großen jüdischen Denkers, nämlich des Philosophen Benedictus de Spinoza, dessen Hauptwerk, die Ethik, mit den Worten schließt: *sed omnia praeclara tam difficilia quam rara sunt.* Alles, was hervorragend ist, ist ebenso selten vorzufinden, wie es schwer ist, es zu tun. Tatsächlich glaube auch ich selbst, dass die anständigen Menschen in der Minorität sind, immer gewesen sind und auch immer bleiben werden. Aber das ist ja nichts Neues. Gibt es doch eine uralte jüdische Legende, der zufolge das Bestehen der Welt davon abhängt, dass es immer 36 – nicht mehr als 36! – Gerechte in der Welt gibt. Nun, ich kann Ihnen nicht genau sagen, wieviele es sind, aber ich bin überzeugt, auch in eurem Markt Türkheim gab es, und gibt es sicher noch, ein paar Gerechte. Und wenn wir hier der Toten des Lagers Türkheim gedenken, dann möchte ich im Namen dieser Toten auch den Gerechten des Marktes Türkheim danken.

Türkheim (Bayern), 27. April 1985

ALLE, DIE GUTEN WILLENS SIND. GEDENKREDE ANLÄSSLICH DES 50. JAHRESTAGES DES HITLER-EINMARSCHES, RATHAUSPLATZ WIEN

Meine Damen und Herren,
ich hoffe auf Ihr Verständnis, wenn ich Sie bitte, zu dieser Stunde des Gedenkens gemeinsam mit mir zu gedenken: meines Vaters – er ist im Lager Theresienstadt zugrunde gegangen: meines Bruders – er ist im Lager Auschwitz umgekommen; meiner Mutter – sie ist in der Gaskammer von Auschwitz ums Leben gekommen; und meiner ersten Frau – sie hat im Lager Bergen-Belsen ihr Leben lassen müssen. Und doch muss ich Sie darum bitten, von mir kein Wort des Hasses zu erwarten. Wen sollte ich auch hassen? Ich kenne ja nur die Opfer, aber nicht die Täter, zumindest kenne ich sie nicht persönlich – und ich lehne es ab, jemanden *kollektiv* schuldig zu sprechen. Eine Kollektivschuld gibt es nämlich nicht, und ich sage das nicht erst heute, sondern ich habe das vom ersten Tag an gesagt, an dem ich aus meinem letzten Konzentrationslager befreit wurde – und zu der Zeit hat man sich wahrlich nicht beliebt gemacht, wenn man es gewagt hat, öf-

fentlich gegen die Kollektivschuld Stellung zu nehmen.

Schuld kann jedenfalls nur persönliche Schuld sein – die Schuld an etwas, das ich selbst getan habe – oder vielleicht zu tun unterlassen habe! Aber ich kann nicht schuld sein an etwas, das andere Leute getan haben, und seien es auch die Eltern oder die Großeltern. Und den Österreichern, die heute zwischen null und fünfzig Jahren alt sind, in diesem Sinne eine sozusagen »rückwirkende Kollektivschuld« einzureden, halte ich für ein Verbrechen und für einen Wahnsinn – oder, um es psychiatrisch zu formulieren, es wäre ein Verbrechen, würde es sich nicht um einen Fall von Wahnsinn handeln. Und um einen Rückfall in die sogenannte Sippenhaftung der Nazis! Und ich denke, gerade die Opfer ehemaliger kollektiver Verfolgung sollten die Ersten sein, die mir da zustimmen. Es wäre denn, sie legen Wert darauf, die jungen Leute den alten Nazis oder den Neonazis in die Arme zu treiben!

Ich komme zurück auf meine Befreiung aus dem Konzentrationslager: Ich bin dann mit dem ersten möglichen (wenn auch nur illegal möglichen) Transport auf einem Lkw nach Wien zurückgekehrt. Inzwischen hat man mich 63-mal nach Amerika geholt; aber jedes Mal bin ich wieder nach Österreich zurückgekommen. Nicht weil mich etwa die Österreicher so geliebt hätten; sondern umgekehrt, weil ich Österreich so geliebt habe, und bekanntlich beruht Liebe nicht immer auf Gegenseitigkeit. Nun, wann immer ich in Amerika bin, fragen mich die Amerikaner: »Warum Sind Sie, Herr Frankl, nicht schon vor dem Krieg zu uns gekommen – Sie hätten sich doch viel ersparen können.« Und ich muss ihnen dann erklären, dass ich jahrelang auf ein Visum warten musste, und wie es dann endlich so weit war, da war es auch schon zu spät, denn ich habe es einfach nicht über mich gebracht, mitten im Krieg meine alten Eltern ihrem Schicksal zu überlassen. Und dann fragen mich die Amerikaner weiter: »Und warum sind Sie dann nicht wenigstens noch dem Krieg zu uns gekommen – hatten Ihnen die Wiener zu wenig angetan, Ihnen und den Ihren?‹ ›Nun«, sag' ich dann den Leuten, »in Wien gab es zum Beispiel eine katholische Baronin, die unter Lebensgefahr eine Cousine von mir als U-Boot versteckt gehalten und ihr so das Leben gerettet hat. Und dann gab es in Wien einen sozialistischen Rechtsanwalt, der hat mir – ebenfalls sich selbst gefährdend – Lebensmittel zugesteckt, wann immer er nur konnte.« Wissen Sie, wer das war? Der Bruno Pittermann, nachmaliger Vize-Kanzler von Österreich. Nun frage ich die Amerikaner weiter, warum hätte ich in eine solche Stadt, in der es solche Menschen gab, *nicht* zurückkehren sollen?

Meine Damen und Herren, ich höre Sie sagen: Das ist ja alles gut und schön; aber das waren ja nur die Ausnahmen – Ausnahmen von der Regel, und in der Regel waren die Leute doch nur Opportunisten – sie hätten Widerstand leisten müssen.

Meine Damen und Herren, Sie haben recht; aber bedenken Sie: Widerstand setzt doch Heroismus voraus, und Heroismus darf man meiner Ansicht nach nur von einem einzigen Menschen verlangen, und das ist – man selbst! Und wer da sagt, man hätte sich lieber einsperren lassen sollen, als dass man sich mit den Nazis arrangiert, der dürfte das eigentlich nur dann sagen, wenn er für seine eigene Person unter Beweis gestellt hat, dass *er* es vorgezogen hatte, sich ins Konzentrationslager stecken zu lassen, und siehe da: diejenigen, die in den Konzentrationslagern waren, urteilen im Allgemeinen viel milder über die Opportunisten – milder als diejenigen, die sich währenddessen im Ausland aufhielten. Ganz zu schweigen von der jungen Generation – wie soll die sich vorstellen können, wie die Leute gebangt und gezittert haben um ihre Freiheit, ja um ihr Leben und nicht zuletzt um das Schicksal ihrer Familie, für die sie immerhin die Verantwortung getragen haben. Nur umso mehr müssen wir diejenigen bewundern, die es gewagt haben, sich der Widerstandsbewegung anzuschließen. Ich gedenke da meines Freundes Hubert Gsur, der wegen Wehrmachtszersetzung zum Tod verurteilt und mit dem Fallbeil hingerichtet wurde.

Der Nationalsozialismus hat den Rassenwahn aufgebracht. In Wirklichkeit gibt es aber nur zwei Menschenrassen, nämlich die »Rasse« der anständigen Menschen und die »Rasse« der unanständigen Menschen. Und die »Rassentrennung« verläuft quer durch alle Nationen und innerhalb jeder einzelnen Nation quer durch alle Parteien. Sogar in den Konzentrationslagern ist man hie und da auf einen halbwegs anständigen Kerl unter den SS-Männern gestoßen – genauso wie auf den einen oder anderen Falotten unter den Häftlingen. Ganz zu schweigen von den Capos. Dass die anständigen Menschen in der Minorität sind, dass sie immer eine Minorität gewesen sind und voraussichtlich auch bleiben werden – damit müssen wir uns abfinden. Gefahr droht erst dann, wenn ein politisches System die negative Auslese einer Nation, an die Oberfläche schwemmt. Dagegen ist aber keine Nation gefeit, und in diesem Sinne ist auch jede Nation holocaustfähig! Dafür sprechen nicht zuletzt die aufsehenerregenden Ergebnisse wissenschaftlicher Forschungen auf dem Gebiete der Psychologie-Forschungen, die wir einem Amerikaner verdanken (sie sind unter der Bezeichnung Milgram-Experiment in die Geschichte eingegangen).

Wollen wir nun aus alledem die politischen Konsequenzen ziehen, dann sollten wir davon ausgehen, dass es im Grunde nur zwei Stile von Politik gibt oder vielleicht besser gesagt nur zwei Typen von Politikern: die einen sind nämlich diejenigen, die da glauben, der Zweck heiligt die Mittel, und zwar jedes Mittel ... Während die anderen Politiker sehr wohl wissen, dass es auch Mittel gibt, die selbst den heiligsten Zweck zu entweihen vermöchten. Und es ist dieser Typus von Politikern, dem ich zutraue, trotz des Lärms um das Jahr 1988 die Stimme der Vernunft zu hören und die Forderung des Tages, um nicht zu sagen des Jahrestages, darin zu sehen, dass alle, die guten Willens sind, einander die Hände entgegenstrecken, hinweg über alle Gräber, und hinweg über alle Gräben.

Ich danke Ihnen für Ihre Aufmerksamkeit.

Wien, 10. März 1988

WAS SAGEN UNS DIE FRIEDENSAPPELLE HEUTE?

VIKTOR FRANKLS FRIEDENS-APPELLE – EINE PRAKTISCHE ANNÄHERUNG

Von Annemarie Moser

Frieden.

Was ist das, und wie kann ich ihn erreichen?

Wo beginnt Frieden, und bis wohin reicht er?

Muss man dafür paradoxerweise kämpfen?

Gibt es auf diese Fragen überhaupt Antworten? Wo würde ich diese finden? Oder braucht es gar keine Antworten, weil es um das Leben an sich geht?

Wir reden hier über ein Schlagwort, das die Menschen berührt, seit es Aufzeichnungen gibt. Es ist ein Wunsch, der menschen-, ja völkerübergreifend ist. Dennoch konnte er noch nie weltumspannend erreicht werden. Handelt es sich womöglich eher um eine Kinderphantasie, eine Utopie, die nur harmonisierenden Optimisten in den Sinn kommen kann?

Versuchen wir dem Phänomen Frieden nachzuspüren.

Es gab zu allen Zeiten, an allen Ecken und Enden dieser Welt großartige Menschen, die sich auf vielfältige Art und Weise für den Frieden eingesetzt haben. Ihnen allen gebührt Respekt und höchste Anerkennung. Ist doch jede einzelne

Person in dieser Mission dringend gebraucht und unersetzlich.

In aller Bescheidenheit soll dieses Buch auf die Texte eines Mannes eingehen, der vielleicht (noch) nicht unmittelbar für das Thema Frieden steht, der aber eine gewichtige Stimme dazu aus seinem Lebenslauf mitbringt: Viktor Emil Frankl.

Er ist der Hölle von Auschwitz entkommen, hatte alles verloren, was einem Menschen wichtig sein kann, und war dennoch, oder gerade deshalb, ein glühender Pazifist. Rachegedanken oder Schuldzuweisungen an ein ganzes Volk entwickelte er zu keinem Zeitpunkt. Im Gegenteil. Als Arzt (Frankl war Neurologe und Psychiater) nutzte er seine gesellschaftliche Stellung, um international Appelle für den Frieden zu formulieren. Es gelingt, aus diesen verschriftlichten Aufrufen auch seinen Weg zum Frieden nachzuvollziehen und eine konkrete persönliche Anleitung herauszulesen.

(Ganz nebenbei bemerkt: Frankl war auch Psychologe und entwickelte aus seinen wissenschaftlichen Erkenntnissen heraus die 3. Wiener Schule der Psychotherapie, die er Logotherapie und Existenzanalyse nennt. Er untermauert diese mit einer durchgedachten philosophischen Basis, der Logophilosophie. Diese entspricht der jahrtausendealten Menschheitsweisheit und ist deshalb auf allen Kontinenten der Erde bekannt und beliebt.)

Um aber all die Anleitungen und Hilfestellungen erkennen zu können, möchte ich einen dafür notwendigen, interessanten Weg über Frankls Sicht auf den Menschen gehen.

Der Mensch hat einen Körper, der darauf gepolt ist, zu überleben. Dafür ist er mit wichtigen Funktionen ausgestattet, die gemeinsam mit der psychischen Dimension ein möglichst sicheres Überlebensnetz spannen. Darin findet man Kampf-, Flucht- und Erstarrungsreaktionen, die eine breite Palette an Reaktionen auf gefährliche Lebenssituationen ermöglichen. Der Mensch selbst muss bei diesen Überlebensstrategien keinerlei Anstrengungen anstellen – er muss sich nur den Trieben und Gefühlen hingeben und sich steuern lassen. Aufmerksame Leserinnen und Leser erkennen hier bereits alle Wurzeln eines Streits, einer Gewalt, einer Eskalation. »Es ist über mich gekommen« – »Ich stand neben mir« – »Ich war nicht ich selbst« – »Ich weiß gar nicht, wie es so weit kommen konnte …«

Wenn der Mensch in Ausnahmesituationen empfindet: »Ich bin nicht ich selbst«, so drängt sich die Frage auf: Was ist der Mensch, wenn er manchmal »außer sich« sein kann? Frankl erklärt ganz einfach: »Der Mensch ist das Wesen, das entscheidet, was es im nächsten Augenblick sein will.«

Das ist eine große Aussage! Frankl ergänzt auf diese Weise die seit Freud bekannte psychophysische Dimension um die geistige, stellungnehmende Dimension und verändert damit die Sicht auf den Menschen wesentlich! *Ich* bin mein Controller und kann wählen, ob ich meine geistigen Schalthebel betätige oder mich von meinen Gefühlen, Trieben und Instinkten leiten lasse. Ich darf frei und mutig entscheiden, *wie* ich reagiere. Also ob ich das Kommando über meine Gefühle übernehme oder ob ich »außen vor« bleibe und das Zepter meinen inneren Zuständen überlasse. Das ist keine langsame, bedächtige Entscheidung, es braucht dazu eine Wendigkeit bei der Bewertung einer Situation und bei dem Erkennen: Hoppla, jetzt wollen meine Gefühle sehr gerne kontern – will ich das? Kann ich das auch vor mir und meinem Umfeld verantworten? Nicht zu vergessen, es ist auch die rasche Überlegung gefordert: Welcher *Mensch* will ich jetzt sein? Was soll von mir ausgehen? Welche Reaktion ist meiner würdig?

Möchte ich mich nicht anstrengen oder einbringen, kann ich den Controller getrost abgeben, und mein Überlebensprogramm übernimmt im Autopiloten die Verteilung blauer Augen. Ich reagiere einfach auf meine Triebe und beanspruche dabei auch kein Hirn (nachzulesen in Gerald Hüther, *Eine Bedienungsanleitung für ein menschliches Gehirn*). Klingt sehr bequem – aber ich fördere die Leidvermehrung auf dieser Welt.

Oder will ich ein Friedensstifter sein? Dann heißt es, meine Emotionen zu stoppen und das Problem sachlich zu fassen. Also mir zunächst einen Zeitpuffer zu schaffen, die Gehirnwindungen anzustrengen, um kreativ nach heilenden Worten zu suchen. Es geht darum, zu mir selbst zu kommen, um den Controller mit Bedacht und Weitblick zu aktivieren. In diesem Falle reagiere ich nicht. Ich agiere und gebe authentische Antworten, die für mich und mein Umfeld am sinnvollsten sind. Dieser Vorgang ist keine psychische Reaktion, sondern eine geistige Aktion.

»Kann ich das immer?«, fragen Sie sich vielleicht. Frankl bejaht klar, da es dafür bereits unendlich viele Vorbilder gibt, Prominente wie Mahatma Gandhi, Martin Luther King, Bertha von Suttner und unzählige Menschen im Alltag. Jede und jeder Einzelne von uns kann aus eigener Erfahrung berichten.

»Sie haben uns bewiesen, dass der Mensch es in der Hand hat, auch unter den ungünstigsten, den unwürdigsten Bedingungen noch Mensch bleiben zu können.« So formuliert Frankl es in seiner »Gedenkrede für die verstorbenen Kollegen der Gesellschaft der Ärzte in Wien«. Es ist uns Menschen möglich, in Freiheit und Würde zu entscheiden, wer wir sein wollen. Friedensstifter oder »Leidvermehrer«. Diese innere Freiheit ist unverlierbar und unverwundbar. Sie ist durch äußere Situationen definitiv begrenzbar und durch so manche Erkrankungen verschüttet, aber sie ist immer noch vorhanden. Diese Freiheit macht die Würde des Menschen aus, und diese, das ist in sämtlichen Grundmanifesten der Menschheit verankert, ist unantastbar.

Und nun liegt es klar auf dem Tisch: Frieden ist keine Utopie. Frieden ist ein Auftrag, dem wir alle, gerade weil wir Menschen sind, gewachsen sind. Es liegt an jedem und jeder Einzelnen von uns, ob er Wunschvorstellung bleibt oder Stück für Stück Realität wird. Frieden beginnt beim Einzelnen, ganz konkret, ganz klar.

Frieden ist also eine reale Möglichkeit, die in unserem Freiraum steht und geduldig darauf wartet, von uns gewählt und verwirklicht zu werden. Jede Handlung verewigt sich in meinem Lebenslauf. Sie steht für sich und wirkt sich unmittelbar auf mein Umfeld aus.

Also geht es bei dem weltumspannenden Thema »Frieden« wieder *nur* um die eine zentrale Frage: »Welcher Mensch will *ich* sein?«

Wie lebe ich Frieden? Ein praktischer Leitfaden aus den Texten Viktor E. Frankls

Wut überrollt mich – wie gehe ich damit um?

Frustration kann von einer Person (einem ungerechten Mitmenschen, von anmaßenden Verhaltensweisen, etc.) oder vom Schicksal (plötzlicher Todesfall, Verlust des Arbeitsplatzes, etc.) ausgelöst werden – Aggression entsteht. Es handelt sich dabei um eine reine Form von Energieschub, der von Körper und Psyche ausgelöst wird, um die Person in Richtung »Angehen des Problems« zu stimulieren oder deren Überleben zu sichern. An diesem Punkt setzt die Möglichkeit an, entweder

- leidvermehrend zu reagieren, oder
- hoffnungsvermehrend zu agieren in Richtung friedvoller Konfrontation.

Das kann nur gelingen, wenn ich Abstand zu meiner Emotion halten kann. Diesen Abstand finde ich über frei gewählte Hilfen, die zur Person und Situation passen. Zum Beispiel: kurzer Zeitgewinn durch Durchatmen, um kurze Pause bitten, Wasser trinken, Fenster öffnen … oder längere Nachdenkphasen: sportliche Aktivität, Aussprache mit Freunden, Entspannung, Einsamkeit und Stille, Gesellschaft, Humor, Verzicht.

»Wollte man den Menschen definieren, dann müsste man ihn bestimmen als jenes Wesen, das sich je auch schon frei macht von dem, wodurch es bestimmt ist.«

Viktor E. Frankl

Woher nehme ich die Kraft dazu?

Die kostbare Energie, die der Körper in Stresssituationen freisetzt, kann von der Person selbst und bewusst, also *selbstbewusst*, in eine heilsame Richtung gesteuert werden. Indem sie den vom Körper gratis gelieferten Energieschub hoffnungsvermehrend, lebensförderlich einsetzt, um eine friedliche Lösung zu finden. Was ist lebensförderlich? Das Beste für *mich und mein Umfeld* in dieser ganz konkreten Situation!

Zum Beispiel statt destruktiver Grübeleien über Unabänderliches sich trotzdem für ein Ja zum Leben zu entscheiden. Oder auch statt leidvermehrender Gegenaggression in klärende Konfrontation zu gehen.

Es ist *das* Motivationskonzept der Sinnlehre, dass der Mensch, der einen starken Grund hat, eine Herausforderung gut zu bewältigen, diese dann tatsächlich zu meistern vermag.

»Es gibt nichts auf der Welt, das einen Menschen so sehr befähigte, äußere Schwierigkeiten oder innere Beschwerden zu überwinden, als: das Bewusstsein, eine Aufgabe im Leben zu haben.«
Viktor E. Frankl

Wie genau funktioniert eine klärende Konfrontation?
Viktor Frankl schreibt im Juli 1946 folgende »Anleitung«: (…) des Anderen zu verstehen, wo immer er stehen mag. Wie komme ich aber zum Verstehen?

Es ist herausfordernd, wenn die zwei gegnerischen Parteien Welten voneinander entfernt sind! Eben dafür braucht es das gemeinsame Gespräch. Frankl nennt das die Verständigung. »Hilf mir dich zu verstehen« ist vorrangig zu dem eigenen Verstandenwerden.

Es ist wichtig, den Konfliktpartner als Person zu respektieren und ihm nicht a priori ein Feindbild zu unterstellen. Das verändert die eigene Haltung nachhaltig und bringt eine wesentliche Erkenntnis zutage: Beides ist wahr – das Konfliktpotential und auch das vorhandene Heil im Kontrahenten.

Das schaffe ich nur, wenn ich versuche, ehrlich und ernsthaft mein Gegenüber zu verstehen. Das heißt *nicht*, dass ich seine Meinung annehmen muss. Ich höre genau zu, ohne mich zu erklären, ohne selbst etwas zu sagen. »Ich muss die Meinung anderer respektieren und akzeptieren, mich aber nicht damit identifizieren.«

Das bedeutet, ich darf bei meiner Sichtweise bleiben, kann aber erkennen, dass es noch weitere gibt. Ich erweitere dadurch meinen Horizont, lerne dazu und kann so eine Verständigung in Gang bringen.

Auch wenn es nicht möglich ist, sich zu einigen, bleibt meine freie Stellungnahme für den Frieden trotzdem in meiner Hand. »Denn wir brauchen Verständnis füreinander und wir brauchen Verständigung miteinander«, schreibt Viktor Frankl.

Wie gelingt Verständigung?

Leider liegt genau hier die große Gefahr einer schnellen psychischen Reaktion. Wenn jeder versucht, mit allen Mitteln (leider auch mit Hilfe von Einschüchterungen, Gewalt und Drohungen) *seinen* Standpunkt zu verteidigen und *seine* Sicht auf die Dinge dem anderen aufzuzwingen, eskaliert die Situation.

Was ist nun Verständigung und Verständnis? Es heißt, dass ich mein Vorhaben, Frieden zu verbreiten, ganz nah bei mir habe und mit meinem Gewissen in Verbindung bleibe. Dabei ist es notwendig, diese persönliche Haltung nur von mir selbst zu verlangen. »Entschiedenheit und leidenschaftlicher Wille zum Frieden«, so meint Frankl, kann ich nur von mir selbst verlangen und niemals von jemand anderem. Damit bleibe ich in meiner Freiheit und übernehme die Verantwortung für meine Handlungen.

»Der Mensch ist nicht frei von seinen Bedingungen, aber frei, wie er sich ihnen gegenüber verhalten will.«

Viktor E. Frankl

Wie komme ich zu einer friedlichen Lösung?

Das Gemeinsame zu finden und das Trennende zu überwinden, ist Frankls Erkenntnis. Elisabeth Lukas, Schülerin Frankls, gibt dazu in ihrem Buch *Der Seele Heimat ist der Sinn* Empfehlungen:

Wenn die Person A verletzend handelt, hat die betroffene Person B stets mehrere Möglichkeiten, zu agieren:

- das klärende Gespräch suchen,
- nachfragen und versuchen zu verstehen,
- einen gemeinsamen Wert entdecken,
- ein gemeinsames Ziel erkennen,
- nachdenken, ob ich A ungewollt verletzt haben könnte,
- still von A abrücken ohne Groll und Bitterkeit,
- innerlich vergeben,
- einen liebevollen Schlussstrich ziehen und sich eigenen Aufgaben zuwenden,
- B könnte überlegen, wie viel Liebe und Verständnis er in seinem Leben bekommen hat, und damit die erfahrene Attacke seitens A großzügig aufwiegen.

»Ihr könnt mir alles antun, aber ihr habt nie in der Hand, wie ich darauf reagiere.«

nach Viktor E. Frankl

Der Weg von mir zum Frieden in der Welt

Frieden beginnt bei mir, in meinem Leben. Wenn man so will, kann man auch sagen: Frieden beginnt bei meinem Frühstückstisch.

Frieden zeigt sich in meiner Lebenshaltung und ermöglicht, jede Form von Hass in Friedenssehnsucht zu verwandeln. Diese Mächtigkeit zeichnet jeden einzelnen Menschen aus und schafft somit eine begründete Hoffnung für Frieden. Frieden nicht nur in mir, Frieden in der Welt.

Frieden heißt: Zufriedenheit in sich finden, vor meinem Gewissen und somit in meinem Leben. Das ist auch der Weg zu echter Dankbarkeit. Der Weg geht aber nur über das Begreifen des Menschen als jenes Wesen, das stets in der Lage ist, die beste Lösung für alle Beteiligten anzustreben und umzusetzen.

Die Friedensfähigkeit zu leben, heißt daher nicht nur: »Ich greife niemanden an«, sondern auch: »Wie verhalte ich mich, wenn ich angegriffen werde?«

Ich möchte meinen Kommentar angelehnt an Frankls Text schließen: Rabbiner Leo Baeck schreibt 1946 »(...) all das Gute soll zählen«.

Jede einzelne Entscheidung für den Frieden zählt.

Für mich und die Welt.

DIE MUTTER ALLEN LEBENS. OHNE FRIEDEN KEINE HUMANITÄT – ODER: WARUM FRIEDEN MENSCHLICH IST

Von Christoph Quarch

I Krieg

Wir schreiben das Jahr 2022. Es ist Krieg in Europa – wieder einmal. 77 Jahre nach dem Ende des Zweiten Weltkriegs befiehlt der russische Präsident Vladimir Putin den Streitkräften seines Landes den Angriff auf die Ukraine. Zehntausende Soldaten verlieren ihr Leben, Millionen Flüchtlinge verlassen das Land, Tausende Zivilisten fallen russischen Angriffen auf die zivile Infrastruktur zum Opfer. Die Weltwirtschaft gerät ins Stottern, die Energiepreise steigen, die Lebensmittelversorgung in Afrika ist bedroht. Die Welt ist nicht mehr die, die sie noch 2021 war. Es scheint, als würde sich in diesen Tagen neuerlich bestätigen, was der antike Denker Heraklit (545–475 v.Chr.) – den sie »den Dunklen« nannten – schon vor 2500 Jahren auszusprechen wagte: »Der Krieg ist der Vater aller Dinge. Die einen macht er zu Sklaven, die anderen zu Freien.« Der solches sagte, war kein Kriegstreiber und auch kein Militarist. Vielmehr war er ein Realist, der eines klar erkannte: Ob es einem nun gefällt oder nicht, der Krieg bestimmt die menschlichen Verhältnisse. Er macht klar Tisch. Und er macht Ernst.

Vielleicht ist das der Grund dafür, dass Kriege immer noch so viele Menschen faszinieren – und dass es bei Beginn des Krieges keine drei Tage brauchte, bis Experten und Politiker die Sessel in den Talkshows füllten, um mit ernster Miene und dem Gestus hochprofessioneller Seriosität über die Lieferung von Panzern, Haubitzen und schwerem Gerät zu diskutieren. Auf der anderen Seite regten sich derweil die warnenden und tiefbesorgten Stimmen deutscher Intellektueller, die moralische Bedenken gegen Waffenlieferungen in die Mikrofone raunten und sich voller Verve als das moralische Gewissen der Nation in Szene setzten. Was dabei jedoch meist auf der Strecke blieb, war eine geistige Durchdringung dessen, was der Krieg auch jenseits der Ukraine mit den Menschen macht; was er den Menschen fern der Frontlinien zu sagen hat; was er uns Mitteleuropäer angeht – neben der Notwendigkeit von Waffenlieferungen und der Bereitstellung von Flüchtlingsunterkünften. Eine echte geistige Auseinandersetzung mit dem Krieg in der Ukraine steht noch immer aus. Fangen wir also damit an.

Jede geistige Auseinandersetzung beginnt mit Fragen – Fragen wie diesen: Wie weit sind wir eigentlich vom Krieg entfernt – nicht geografisch, sondern mental? Sind nicht auch wir schon längst vom Ungeist des Krieges infiziert? Schwelt womöglich unter der Oberfläche dessen, was wir Friedensordnung nennen, ein latenter, kalter Krieg? Ist der Frieden, den wir in Zentraleuropa dankenswerterweise seit Jahrzehnten haben, wirklich Frieden oder nur die Abwesenheit von Krieg? Und wenn dem so wäre: Was müsste geschehen, damit es wirklich Frieden werde – in der Ukraine, in Europa und der ganzen Welt?

II Mensch

Manche Menschen meinen, es sei töricht, in der internationalen Politik auf mehr zu hoffen als auf einen dauerhaften Waffenstillstand: dass das Ausbleiben des Krieges alles sei, was uns an Frieden möglich ist. Menschen, die so denken, halten sich für Realisten. Sie sind zutiefst davon überzeugt, dass der Mensch von Natur aus ein kriegerisches, ein hostiles Wesen ist, dem es in der DNA geschrieben steht, Kriege zu beginnen und einander umzubringen, auszuschalten oder zu besiegen. Ist die Menschheitsgeschichte, so fragen sie, nicht von Anfang an eine ewige Folge von Mord und Totschlag? Erzählt nicht auch die Bibel, dass schon die ersten Menschenkinder die Hand gegeneinander erhoben und Kain den Abel niederstreckte? Beginnt nicht die Geschichte der europäischen Kultur mit einem zehnjährigen Gemetzel vor den Toren Trojas? Folgten nicht seither ein Krieg und eine Schlacht der anderen? War es da nicht einfach nur ein Akt des Realismus und der intellektuellen Redlichkeit, als Thomas Hobbes (1599–1679) unter dem Eindruck der blutigen Konfessionskriege in England den Gedanken fasste, dass der Mensch der Wolf des Menschen – *homo homini lupus* – sei und dass der Mensch von Haus aus ein Kämpfer sei, dem es nur um dieses eine gehe: im großen Krieg aller gegen alle – *bellum omnium contra omnes* – zu obsiegen und sich gegen andere durchzusetzen?

Ebensolches hatte Hobbes in seinem Hauptwerk *Der Leviathan* von 1651 behauptet. In seinen Augen war der Mensch ein rationaler Egoist, dessen wichtigstes Ziel es ist, auf dem großen Schlachtfeld des Lebens zu bestehen und das eigene Überleben zu erkämpfen. Wenn es andere dabei zu töten oder auszuschalten gilt, gleichviel: Leben heißt, sich durchzusetzen; Leben heißt fürs eigene Überleben kämpfen. Dieses dunkle Menschenbild zog ein in Hobbes' politische Visionen. Er wurde zum Theoretiker des totalen Staates, der seine Legitimation daraus bezieht, alle Gewalt auf sich zu vereinen, um die Wölfe zu domestizieren und an die kurze Leine der Staatsgewalt zu nehmen. Aber nicht nur das: Er wurde auch zum Vordenker der einflussreichsten und bis heute prägendsten geistigen Formation des 18. Jahrhunderts: des Liberalismus, in dessen Menschenbild der Hobbes'sche Wolf ein Weiterleben fand.

Vordenker der ökonomischen Klassik wie Bernard de Mandeville (1670–1733), Adam Smith

(1723–1790) oder Thomas Robert Malthus (1766–1834) übernahmen von Hobbes das Menschenbild des rationalen Egoisten und urbanisierten es – besser: Sie merkantilisierten es. Denn was einst der Wolf des Menschen war, wurde nun zum *Homo Oeconomicus*: zum rationalen ökonomischen Agenten, der bei allem, was es tut, zwar nicht gleich seinen Gegner auszuschalten trachtet, sich aber doch gegen ihn durchzusetzen wünscht, wann immer es dem eigenen Vorteil dient. Ebendas ist es, was dem *Homo oeconomicus* zum Fetisch wird: der eigene Profit, der eigene Erfolg, die eigene Macht und Sicherheit – manchmal auch das eigene Glück. So wurden unter dem Einfluss des Liberalismus und Neoliberalismus bzw. der ökonomischen Spieltheorie die Hobbes'schen Wölfe nach und nach zu Brokern, Tradern, Investoren oder Managern. Krieger stecken heute oft in Anzügen und nicht in Camouflage-Klamotten; doch der Mindset, der sie antreibt, ist nach wie vor hostil und kriegerisch: »›Skalpieren‹, ›killen‹, ›ausblasen‹ sind die Verben, die sie lieben«, schreibt der ehemalige *FAZ*-Herausgeber Frank Schirrmacher (1959–2014) in seinem Buch *Ego. Das Spiel des Lebens* und ergänzt: »Bei einer Investmentbank programmierten sie ihre Computer so, dass aus den Lautsprechern bei Kurs- oder Zinsveränderungen Kriegsgeräusche drangen. An regen Handelstagen waren die Flure vom Getöse zerbrechenden Glases und einschlagender Pistolenkugeln erfüllt.«

Liest man das, ist man versucht zu glauben, dass der Mensch tatsächlich seinem Wesen nach hostil und kriegerisch gepolt ist. Zumal auch die Lebenswissenschaft den Menschen als Kämpfer oder Krieger definiert. Zumindest wenn sie sich in ihrem Menschenbild auf Charles Darwin (1809–1882) beruft, der in seinem epochalen Meisterwerk über *Die Entstehung der Arten* seine Leser wissen ließ, »dass jedes organische Wesen (...) zu irgendeiner Zeit seines Lebens oder zu einer gewissen Jahreszeit, in jeder Generation oder nach Zwischenräumen ums Dasein kämpfen muss und großer Vernichtung ausgesetzt ist« – und dass dieser Kampf »fast ohne Ausnahme der heftigste sein« wird, wenn er »zwischen den Individuen einer Art stattfindet« – Menschen zum Beispiel.

Damit scheint der rationale Egoist bzw. der *Homo oeconomicus* den Segen der Naturwissenschaft erhalten zu haben: So sind wir nun einmal, die Biologie zwingt uns, beim großen *bellum omnium contra omnes* mitzuspielen – ob gegeneinander oder gegen die Natur, gleichviel; ob auf dem Markt oder dem Schlachtfeld, gleichviel; ob im kalten oder heißen Krieg, gleichviel. Der Mensch ist Krieger, und sein Vater ist der Krieg. So sieht's aus, wenn man den Darwinisten, Liberalisten oder Bellizisten gleich welcher Couleur oder Provenienz folgt. Und Darwin scheint ihnen allen recht zu geben, auch wenn Evolutionsbiologe Richard Dawkins (*1941) immer noch nicht das Ego-Gen gefunden hat, das beweisen soll, dass Lebewesen nichts anderes sind als Überlebensmaschinen zum Zweck des Fortbestehens egoistischer Gene. Vielleicht lässt sich das Ego-Gen einfach nur deshalb nicht finden, weil es gar nicht existiert – und weil die Grundannahme irrig ist, der Mensch sei seinem Wesen nach ein Egoist. Zweifel daran kommen auf, wenn man bedenkt, dass Darwins Theorie von Kampf ums Überleben weniger seiner Naturbetrachtung geschuldet ist als vielmehr seiner Lektüre der ökonomischen Schriften des schon erwähnten Thomas Robert Malthus. Dankenswerterweise hat Darwin seine Quelle preisgegeben: »Ein Kampf um's Dasein tritt unvermeidlich ein in Folge des starken Verhältnisses, in welchem sich alle Organismen zu vermehren streben. (…) Da daher mehr Individuen erzeugt werden, als möglicherweise fortbestehen können, so muss in jedem Falle ein Kampf um die Existenz eintreten, entweder zwischen den Individuen einer Art oder zwischen denen verschiedener Arten, oder zwischen ihnen und den äußeren Lebensbedingungen. Es ist die Lehre von Malthus in verstärkter Kraft auf das gesamte Thier- und Pflanzenreich übertragen.« Könnte es also sein, dass Darwins Menschenbild mehr über die soziale Wirklichkeit des viktorianischen England verrät als über das Reich des Lebendigen? Wer weiß. Sein Erfolg jedoch ist überwältigend: Was in den Schriften der Philosophen einst reine Theorie war, ist zur Wirklichkeit geworden. Der *Homo oeconomicus* wandelt durch unsere Welt – und irgendwie ist es ihm gelungen, uns allen einzureden, dass der Mensch nichts anderes ist als er: ein *Homo Oeconomicus*. Obwohl er doch in Wahrheit nur ein Menschenbild ist, das uns unter dem Einfluss der liberalistischen Ökonomie in Fleisch und Blut übergangen ist. So wurde der »Krieg aller gegen aller« zum Mindset einer ganzen Welt: der Welt, in der wir leben.

III Politik

Das Menschenbild der Gegenwart ist grundlegend hostil. Das trifft auch dann zu, wenn wir uns für Werte oder Ideale einsetzen, die gerade nicht kriegerisch, sondern demokratisch, pazifistisch oder humanistisch sind. Wenn wir sie jedoch in Stellung bringen, um sie weltweit durchzusetzen, laufen wir – meist unbewusst – Gefahr, den Krieg in unseren Köpfen zu entfesseln. Denn wir sind versucht, all jene, die nicht unsere Werte teilen, als Feinde oder wenigstens als Gegner zu betrachten. Das gilt für die Einzelnen genauso wie für Staaten. So jedenfalls lehrte der Staatsrechtler Carl Schmitt (1888–1985), der wegen seiner Nähe zum Nationalsozialismus oft als »Kronjurist des Dritten Reichs« bezeichnet wird, aber auch als einer der bedeutendsten Rechtsphilosophen des 20. Jahrhunderts gilt. Schmitt hatte in seinem Buch *Der Begriff des Politischen* (1932) den Standpunkt vertreten, die »Unterscheidung von Freund und Feind« sei konstitutiv für alle politischen

Handlungen und Motive. Und er erläutert dies, indem er ausführt: »Der politische Feind braucht nicht moralisch böse, er braucht nicht ästhetisch hässlich zu sein: er muss nicht als wirtschaftlicher Konkurrent auftreten, und es kann vielleicht sogar vorteilhaft sein, mit ihm Geschäfte zu machen. Er ist eben der andere, der Fremde, und es genügt zu seinem Wesen, dass er in einem besonders intensiven Sinne existenziell etwas anderes und Fremdes ist, so dass im extremen Fall Konflikte mit ihm möglich sind, die weder durch eine im voraus getroffene generelle Normierung, noch durch den Spruch eines »unbeteiligten« und daher »unparteiischen« Dritten entschieden werden können«, sondern nur durch einen Krieg – wie zu ergänzen wäre.

Wenn das zutrifft, lässt sich für den internationalen Verkehr die gleiche Diagnose stellen, wie sie Hobbes für den Verkehr der Individuen geltend machte: Solange es »die Fremden« gibt, die anderen Werten oder Idealen folgen, herrscht ein potentieller *bellum omnimus contra omnes* – ein latenter Krieg, der allenfalls durch eine temporäre internationale Ordnung im Zaum gehalten werden kann, die ihre Geltung aber immer nur den Machtverhältnissen verdankt, die sich als Ergebnis eines vormaligen Krieges konstituiert haben. Heraklit lässt grüßen: Der Krieg ist Vater nicht nur aller Dinge, sondern auch aller internationalen Ordnungen, Konstellationen oder Blockbildungen. Und wenn diese – wie zum Beispiel in Zentraleuropa seit dem Ende des Zweiten Weltkriegs – eine vergleichsweise lange Haltbarkeit aufweisen, dann entweder, weil es dort nicht mehr so viel »Fremde« oder potenzielle »Feinde« gibt, oder, weil sich ein dauerhafter Waffenstillstand etabliert hat – wenn auch nur durch nukleare Abschreckung. Aber all das sollte niemanden dazu verleiten, sich der Illusion hinzugeben, die Welt sei friedlich oder Frieden könne leicht geschlossen werden, wenn denn die Politiker und Staatenlenker es nur wollten. Nein, so einfach ist es nicht – zumindest dann nicht, wenn wir Carl Schmitt folgen.

Er war nicht der Erste, der so dachte. Schon im alten Griechenland gab es politische Denker, die den Krieg als Grund des Politischen ansahen und die Aufgabe der Regierenden darin erkannten, ein Gemeinwesen so zu organisieren, dass es im Kriegsfall jederzeit bestehen könne. Das bezeugt Platon (428–348 v. Chr.) in seinem Alterswerk, dem *Dialog über die Gesetze*, den *Nomoi*. In der Anfangsszene werden wir Zeugen eines Gesprächs zwischen einem namenlosen Athener – in dem viele Interpreten Platon selbst vermuten – und zwei politisch versierten Senioren namens Kleinias aus Kreta und Megillos aus Sparta.

Das Gespräch der drei Herren kommt dadurch in Gang, dass der Athener eine Frage an den Freund aus Kreta richtet: »Und nun sage mir, zu welchem Zweck hat das Gesetz bei euch die gemeinsamen Mahlzeiten und die öffentlichen Leibesübungen und die Art der Bewaffnung angeordnet?« (625b-c). Für die Antwort holt Kleinias weit aus und erläutert, man gehe in seiner Heimat davon aus, »dass in der Welt immerfort ein unaufhörlicher Krieg aller Staaten gegen alle« herrsche (625d-e); und dass deshalb, »was die meisten Menschen Frieden nennen (...) nur ein leerer Name« sei. Denn »in Wahrheit lebten alle Staaten gegen alle naturgemäß auch ohne Kriegserklärung beständig in Fehde. Und wenn du es so betrachtest, wirst du finden, dass der Gesetzgeber der Kreter mit Rücksicht auf den Krieg alle gesetzlichen Einrichtungen des öffentlichen und Privatlebens für uns getroffen und uns deswegen seine Gesetze so zu bewahren aufgetragen habe, weil nichts anderes, weder Besitztümer noch Einrichtungen, irgendeinen Nutzen gewähren, wenn man nicht im Kriege den Sieg davontrage.« (626a-b)

Wie bei Carl Schmitt haben wir es hier mit dem Motiv eines latenten *bellum omnium contra omnes* zu tun, der aller Politik die Richtung weisen müsse. Der Sinn der Politik, daran lässt Kleinias keinen Zweifel – und darin stimmt ihm sein Freund aus Sparta zu –, kann dann nur sein, den Staat »so einzurichten und zu verwalten, dass er im Kriege die andern Staaten zu besiegen vermag« (626b). Wie sollte es auch anders sein, wenn Menschen Wölfe und Gemeinwesen Wolfsrudel sind. Aber sind sie das auch wirklich?

Platon lässt Kleinias und Megillos nicht das letzte Wort. Im Gegenteil: Er lässt seinen Athener eine Widerrede halten, die ganz andere Töne anschlägt – eine Widerrede, die einen anderen Geist offenbart als den hostilen Geist der Spartaner oder Kreter: den Geist, der in seiner Heimat wehte und der dort die Entstehung von Demokratie und Rechtsstaatlichkeit, von Freiheit und Gleichheit vor dem Gesetz erwirkte. »Nicht Krieg und Aufruhr« sollten den Regierenden die Richtung weisen, sondern »Frieden und ein Geist der Freundschaft« (φιλία τε καὶ εἰρήνη, 628d). Deshalb müsse »ein sorgfältiger Gesetzgeber (…) die den Krieg betreffenden Anordnungen um des Friedens, nicht aber die den Frieden betreffenden um des Krieges willen geben.« (628e)

Der Frieden, nicht der Krieg, so gibt Platon zu verstehen, weist der Politik den Weg. Und der Sinn der Politik liegt nicht darin, im Krieg erfolgreich zu bestehen, sondern immer wieder Frieden herzustellen: einen wahren Frieden, der nicht nur ein Waffenstillstand oder das erzwungene Ergebnis eines Krieges ist, sondern eine Manifestation der Seinsordnung des Kosmos. Nicht der Krieg, so lehrt uns Platon, ist der Urzustand des Menschen, sondern Harmonie und Frieden sind dem Menschen wesentlich.

IV Frieden

Die Eloge Platons auf den Frieden wurzelt tief im Denken der Hellenen. Der Frieden – auf Griechisch *Εἰρήνη (Eirēnē)* – war ihnen aus ihren Mythen wohlbekannt. Eirene war eine der drei Horen, die aus der Verbindung der großen Titanin Themis mit dem Götterkönig Zeus hervorgegangen waren.

Diese Herkunft gibt uns Aufschluss über ihren Ort in der ewigen, göttlichen Ordnung der Welt: Ihre Mutter Themis war als Tochter der Urgöttin und Erdmutter Gaia die Sachwalterin der ewigen Gesetze des Kosmos, allem voran des Prinzips von Harmonie und Gleichgewicht. Denn die Welt, wie die Hellenen sie erfuhren, war in bester Ordnung: eine große, harmonische Symphonie, in der auf wundersame Weise alles mit allem zusammenspielte. Diesem Spiel die Regeln zu setzen und über sie zu wachen: Das war Themis' Angelegenheit. Zeus dagegen ist der Sachwalter des Lebens, besser: der Lebendigkeit. Wenn er sich mit Themis vermählte, dann um auf diese Weise das eherne und unverrückbare Prinzip von Harmonie und Gleichgewicht mit Leben zu durchdringen. Was dabei herauskommt, sind drei Göttinnen, die drei Seinsqualitäten manifestieren, an denen alle Politik sich fortan messen lassen musste. Die erste kennen wir bereits: Eiréne, der Frieden. Ihre Schwestern sind Eunomía, die gute Rechtsordnung, und Díke, das Recht.

Dieser Mythos öffnet uns den Blick auf eine gänzlich andere Deutung des Friedens als die bislang bedachte. Frieden ist für die Hellenen eine Gottheit. Gottheiten aber sind in ihrem Verständnis nichts anderes als personale Verdichtungen der Ordnung des Seins. Sie sind Manifestationen der Wahrheit. Frieden ist in diesem Mindset nicht ein Wert, den Menschen propagieren, um den ihnen allen wesentlichen Krieg aller gegen aller beizulegen. Frieden ist nicht bloß ein temporärer Waffenstillstand, der eine Zeit lang über das hostile Wesen des Menschen hinwegtäuscht. Nein, Frieden ist eine Erscheinungsform der zeitlosen Seinsordnung der Welt: Er – oder besser: sie – gründet in den Grundprinzipien allen Lebens. Denn das Leben ist kein Krieg, und dieser Kosmos ist kein Schlachtfeld. Für die Griechen war die Welt vielmehr ein Spielplatz der Lebendigkeit, auf dem zwar auch gestritten und gekämpft wird – bei dem es aber letztlich immer darum geht, am Ende des Tages eine harmonische und stimmige Ordnung auszutarieren. Ganz so, wie auch ihre Götter gern und häufig stritten, doch bevor sie sich zur Ruhe legten, immer wieder Frieden schlossen ... oder ganz so wie das Meer, das zwar immer wieder braust und tobt, doch seinem Wesen nach, naturgemäß, ein friedlich stilles Gleichgewicht erstrebt – um ein Bild des großen Staatsmanns Solon (ca. 640–560 v. Chr.) zu bemühen.

Aus dieser Wertschätzung von Harmonie und Gleichgewicht erklärt sich Platons Annahme, der Sinn der Politik sei nicht die Rüstung für den Kriegsfall, sondern die Etablierung des Friedens. Es geht aus seiner Sicht in aller Politik nur darum, die ewige und sinnvolle Seinsordnung der Welt in der Sphäre des Politischen zu manifestieren. Nicht der Mensch mit seinen Bedürfnissen und egoistischen Interessen ist für Platon das Maß aller Dinge, sondern die ewige und zeitlose Gottheit, das heilige Sein dieser Welt, verdichtet zur Gestalt des Friedens. Sie zu manifestieren würde bedeuten, die herkömmliche Denkweise einer radikalen Disruption zu unterziehen und den Mut aufzubringen, einen echten Frieden zu erwirken: einen, bei dem sich die früheren oder latenten Kombattanten als eingebunden in das große Netz des Lebens verstehen und dessen Regelwerk befolgen.

Der *Homo oeconomicus* wird diese Sicht als romantische Träumerei verunglimpfen. Er wird sich auf Darwin und die »harte Wirklichkeit« berufen – und dabei ignorieren, dass die Lebenswissenschaft der Gegenwart diese »harte Wirklichkeit« schon lange nicht mehr mit den Augen Darwins sieht. So schreibt der systemische Biologe Andreas Weber (*1967) in seinem Buch *Lebendigkeit* (2014): »Die Prinzipien, die sich aus den Forschungen der Biologen herausschälen, zeigen, dass Leben auf nahezu jeder Ebene eine kollektive Angelegenheit ist, eine gemeinsame Unternehmung verschiedenster Wesen, die nur, indem sie einander irgendwie ertragen und sich einigen, zu einem stabilen, funktionsfähigen und damit auch schönen Ökosystem kommen. Konkurrenz, Wettkampf und Auslese im Sinne Darwins spielen sehr wohl eine Rolle – aber nicht als unerbittliches letztes Wort, sondern als eine Kraft unter mehreren, mit denen lebende Systeme sich selbst aus einer Vielzahl von Mitspielern erschaffen und gestalten.« Diese Beobachtung führt Weber schließlich zu der Konsequenz: »Am Leben zu sein heißt, beständig an einer Gemeinschaft teilzuhaben und sich als Teil eines unabsehbaren Netzes von Beziehungen stets neu zu erfinden.«

Damit ist das darwinistische Paradigma des Lebens als eines dauerhaften Kampfes ums Überleben korrigiert und dem Menschenbild des *Homo oeconomicus* der naturwissenschaftliche Boden entzogen. Denn damit ist klar: Das Grundprinzip des Lebens ist nicht Krieg, sondern Kooperation. Das Leben funktioniert mehr nach dem Prinzip des Miteinanders als nach dem Prinzip des Gegeneinanders. Und der Mensch genügt nur dann sich selbst, wenn er diesem Grundprinzip des Lebens folgt. Seine Wahrheit liegt nicht darin, als hostiles Wesen auf dem Kampfplatz zu bestehen. In Wahrheit ist der Mensch ein Wesen des Friedens. Für den Frieden einzutreten und den Frieden zu erstreben, ist entsprechend nicht eine Frage von Gut und Böse, sondern von wahr oder falsch. In der Wahrheit seines Seins und seiner eigenen Lebendigkeit lebt der Mensch nur, wenn er in Frieden lebt. Das ist der eigentliche Realismus.

V Wahrheit

Doch der Mensch der Gegenwart wird ob solcher Worte ungehalten. Er hört nicht gern von »Wahrheit« oder »Wesen« und vermutet hinter dieser Rede eine totalitäre Gesinnung. Und nicht ohne Grund, denn oft schon wurden Ansprüche auf Wesentliches oder Wahres zur gewaltsamen Durchsetzung fragwürdiger Interessen missbraucht. Trotzdem dürfen wir uns nicht von denen irremachen lassen, die behaupten, Wahres oder Wesentliches könne es nicht geben. Vor allem dann nicht, wenn es um Krieg und Frieden geht. Besser tun wir daran, denen Gehör zu schenken, deren Schicksal es war, schonungslos der Wahrheit ins Gesicht zu sehen: Menschen wie Viktor E. Frankl.

In seiner Gedenkrede für die verstorbenen Kollegen der Gesellschaft der Ärzte in Wien vom 25. März 1949 hat Frankl die Erfahrung der Konzentrationslager als »ein wahres *experimentum crucis*« beschrieben, »wo alles Unwesentliche vom Menschen weggeschmolzen war: wo alles fortfiel, was einer besessen hatte: Geld – Macht – Ruhm – Glück – wo nur mehr das übrigblieb, was ein Mensch nicht ›haben‹ kann, sondern was er ›sein‹ muss«. Und er fährt fort: »Was übrigblieb, war der Mensch selbst – verbrannt vom Schmerz und durchglüht vom Leid, wurde er eingeschmolzen auf das Wesentliche in ihm, auf das Menschliche.« Und die Wahrheit des menschlichen Wesens, die das *experimentum crucis* offenbarte, lautet: »Er ist ein Wesen, das immer entscheidet, was es ist. Ein Wesen, das in sich gleichermaßen die Möglichkeit birgt, auf das Niveau eines Tieres herabzusinken oder sich zu einem heiligmäßigen Leben aufzuschwingen.«

Seinem Wesen nach ist der Mensch demnach weder ein Wolf noch ein Heiliger. Er ist vielmehr in die Entscheidung gestellt – ein freies und offenes Wesen. Und die Entscheidung, die er treffen muss, ist nicht die zwischen Gut und Böse, sondern zwischen Sinn und sinnlos. Mehr noch: Es ist die Entscheidung zwischen Leben und Tod. Denn auch das hat das Konzentrationslager Viktor Frankl gelehrt: »Wehe dem, der kein Lebensziel mehr vor sich sah, der keinen Lebensinhalt mehr hatte, in seinem Leben keinen Zweck erblickte, dem der Sinn seines Daseins entschwand – und damit jedweder Sinn eines Durchhaltens. Solche Leute, die auf diese Weise völlig haltlos geworden waren, ließen sich alsbald fallen.«

Menschen brauchen Sinnerfahrung, um als Menschen sein zu können. Ohne Sinn ist eine menschliche, humane Existenz kaum möglich. Wer wollte wagen, dieses Resultat des leidvollen *experimentum crucis* eines Viktor Frankl zu bestreiten? Hier ist eine Wahrheit über das Menschsein ausgesprochen, die dem Menschenbild sowohl des Darwinismus als auch des *Homo oeconomicus* geradewegs entgegensteht: Nein, der Mensch ist kein rationaler Egoist, dem es bei allem nur um seinen Vorteil geht. Nein, der Mensch ist kein Wolf, dem es nur ums eigene Überleben geht. Das Gegenteil trifft zu: »Bloßes Überleben kann nicht der höchste Wert sein. Mensch sein heißt ausgerichtet und hingeordnet sein auf etwas, das wieder nicht es selbst ist. Menschliche Existenz ist charakterisiert durch ihre Selbsttranszendenz. Sobald menschliches Dasein nicht mehr über sich selbst hinausweist, wird Am-Leben-bleiben sinnlos, ja unmöglich. Dies war zumindest die Lehre, die mir in drei Jahren zuteilwurde, die ich in Auschwitz und Dachau verbringen musste.«

Was den Menschen über sich hinausweist, ist das Sinnvolle und Ewige – das, was die Hellenen in Gestalt ihrer Götter verehrten und Platon als Maß aller Dinge geltend machte: Frieden, unter anderem – Frieden als die Möglichkeit, für die der Mensch sich entscheiden wird und muss, wenn er ein Leben in der Wahrheit wählt. Denn der Frieden folgt dem Grundprinzip des Lebens. Denn der Frieden ist die Manifestation sinnvoller Lebendigkeit. Frieden ist sinnvoll, Sinn ist wahr. Und wer den Sinn wählt, wählt die Wahrheit. Ihr gemäß gilt es zu denken und zu handeln. Nicht mehr in Kategorien von Freund und Feind, sondern in den Kategorien von Verbundenheit und Harmonie.

VI Tugend

Frieden ist viel mehr als nur ein Wert, zu dem wir Menschen uns zustimmend oder ablehnend verhalten könnten. Wer für den Frieden wirbt, tut gut daran, nicht an das moralische Gewissen der Menschen zu appellieren oder sie davon zu überzeugen, dass sie nur dann ein guter Mensch sind, wenn sie sich für Frieden einsetzen. Nicht als ein moralisches Gebot, das es zu befolgen gilt – nicht als moralischer Wert, den es zu schätzen, setzen oder durchzusetzen gilt, ist Frieden für das Menschenleben maßgeblich, sondern als ein Aspekt des Lebenssinns, dem zu genügen Menschen in die Wahrheit ihres Lebens rückt. Frieden ist, um es mit einem alten Wort zu sagen, eine menschliche Tugend: eine Tugend, die zu verwirklichen bedeutet, dem eigenen Sein zu genügen und die Humanität des Menschen zur Entfaltung zu bringen.

Nicht der Wille oder das Bedürfnis des rationalen Egoisten entscheiden darüber, worin das Menschenleben sich erfüllt, sondern die Seinsordnung, der wir wie alles Leben zugehören. Ihr entsprechen Menschen, Völker und Nationen dann, wenn sie im Frieden miteinander leben: wenn sie sich so zueinander ins Verhältnis setzen, dass sie ihre Eigenheiten zur Geltung bringen und sich darin wechselseitig nicht nur anerkennen, sondern unterstützen. Dann genügen sie dem Grundprinzip des Lebens, dann verwirklichen sie Harmonie und Gleichgewicht: »einander widerstehend stimmen sie zusammen, fügen aus dem Unstimmigen die schönste Harmonie«, um es mit Heraklit zu sagen. Frieden zu verwirklichen und Frieden zu erstreben, ist der wahre Realismus: ein Realismus, der nicht Maß nimmt an den Bedürfnissen der rational-hostilen Egoisten, für die wir uns zu halten gelernt haben, sondern an der unverbrüchlichen Matrix der lebendigen Welt. Ihr gemäß zu handeln, ihrem Anspruch zu genügen – das ist die anspruchsvolle Aufgabe, der eine verantwortungsbewusste und verantwortungsvolle Politik Antwort zu geben hat.

VII Handeln

In einer Gedenkrede zum 50. Jahrestag des Einmarsches deutscher Truppen in Wien am 10. März 1988 sagte Viktor Frankl: »Wollen wir nun aus alledem die politischen Konsequenzen ziehen, dann sollten wir davon ausgehen, dass es im Grunde nur zwei Stile von Politik gibt oder vielleicht besser gesagt nur zwei Typen von Politikern: die einen sind nämlich diejenigen, die da glauben, der Zweck heiligt die Mittel, und zwar jedes Mittel … Während die anderen Politiker sehr wohl wissen, dass es auch Mittel gibt, die selbst den heiligsten Zweck zu entweihen vermöchten.« Wir können diese beiden Politikstile unterscheiden, indem wir den ersten als instrumentelle Politik und den zweiten als substantielle Politik bezeichnen.

Die instrumentelle Politik denkt in den Kategorien von Herrschaft und Technik. Sie sieht ihre Aufgabe darin, Werte zu setzen und zu befolgen. Alles gerät ihr dabei zu einem Mittel zum Zweck. Sie folgt der instrumentellen Vernunft (Max Horkheimer), indem sie Herrschaftsausübung als eine Sozialtechnik versteht, deren Ziel es ist, eigene Werte durchzusetzen und mit Macht zu unterfüttern. Alles wird für dieses Ziel in Dienst genommen. Diese Denkweise erfreut sich in der Welt der Gegenwart der größten Popularität. Wie sollte es anders sein, entspricht sie doch präzise der funktionalen Zweckrationalität des *Homo oeconomicus*. Frieden ist in diesem Mindset immer nur ein Mittel für die eigene Vorteilsnahme, niemals aber ein Zweck an sich. Zur Gewährleistung der eigenen Sicherheit, der Anhäufung von Macht und Reichtum und dem Durchsetzen der eigenen Werte reicht dem rationalen Egoisten aber auch ein bloßer Waffenstillstand; zumal alles Weitere in seinen Augen ohnehin nur eine romantische Fiktion ist. Vorderhand klingt das realistisch. In Wahrheit aber ist es bedrohlich. Denn auf diese Weise werden Kriege niemals beigelegt. Sie köcheln weiter, bis sie irgendwann und irgendwo aufs Neue aufflammen.

Anders ist es im Paradigma der substantiellen Politik. Ihr Fokus liegt nicht auf Herrschaft, sondern auf Diskurs. Sie sieht ihre Aufgabe nicht darin, Werte durchzusetzen oder Macht zu erhalten, sondern immer neu zu ermitteln, wie der Frieden nach innen und nach außen bewahrt werden kann. Frieden ist ihr nie ein Mittel, sondern immer nur ein Zweck – besser: immer nur ein Sinn – noch besser: immer nur *der* Sinn. Denn wo Friede, da ist Tugend: die Tugend eines Gemeinwesens bzw. die Tugend im zwischenstaatlichen Verkehr. Eine substantielle Politik nimmt folglich Maß an einem Sinn, der den Horizont des Menschen transzendiert. Sie nimmt Maß am Leben selbst, am Sein dieser Welt und an dessen zeitlosen Spielregeln, die da lauten: Leben braucht Harmonie und Einklang, Toleranz und Anerkennung. Leben braucht Freundschaft und Verbundenheit, nicht Feindschaft und Befremdung. Es braucht das Wissen um die Zugehörigkeit zum einen großen Leben – das, was Viktor Frankl den Monanthropismus nannte. Anderenfalls verleugnen wir das Leben. Was immer wieder und immer öfter geschieht. Nicht nur in der Ukraine.

Politik im 20. Jahrhundert wird nur dann den Herausforderungen der Zukunft begegnen, wenn sie eine substantielle Friedenspolitik ist. Ihr Ziel muss Harmonie im Verkehr von Staaten und Menschen sowie im Verhältnis von Mensch und Natur sein. Nicht, weil die Moral dies fordert, sondern weil die Spielregeln des Lebens selbst es vorschreiben. Sie zu ignorieren oder zu verletzen, ist der sicherste Weg ins Aus: Game over. Weit sind wir nicht mehr davon entfernt. Was es heute braucht, ist eine neue Rückbindung an die natürliche Welt – die Akzeptanz, dass es ein Regelwerk des Lebens gibt, dem man auf Dauer nicht ungestraft widersprechen kann. Frieden schaffen und bewahren heißt, der Wahrheit des Lebens zu genügen bzw. in der Wahrheit des Lebens zu leben. Deshalb brauchen wir Politiker, die den Sinn ihres Tuns in der Wahrung der Seinsordnung erkennen. Wir brauchen Gärtnerinnen und Gärtner des Lebens statt Techniker und Ingenieure für den Überlebenskampf. Wir brauchen eine Politik, die diese eine Lektion verstanden hat: Der Krieg mag der Vater aller Dinge sein, doch Eirene, die Friedin, ist die Mutter allen Lebens.

GENOSSEN IM KAMPF FÜR DIE MENSCHLICHKEIT – DREI GEDANKEN ZU VIKTOR FRANKLS FRIEDENSAPPELL

Von Walter Kohl

Viktor Frankl ist ein Gigant des 20. Jahrhunderts, dessen Botschaften gerade auch in unserer Zeit der Umbrüche, der Krisen und der Zeitenwende wichtiger sind denn je. Geboren 1905 im kaiserlichen Österreich, erlebte er die Tragödien beider Weltkriege, den Rassenwahn der Nationalsozialisten mit der Ermordung seiner Eltern, seines Bruders Walter und seiner ersten Frau Tilly sowie eine gescheiterte und eine erfolgreiche österreichische Demokratie. Er sah noch vor seinem Tod 1997 den Fall der Berliner Mauer und das damit verbundene Ende des Kalten Krieges.

Frankl selbst überlebte mehrere Konzentrationslager, so Auschwitz, Dachau und Türkheim. Nach jahrelanger Qual in den Lagern wurde er im April 1945 mehr tot als lebendig von amerikanischen Truppen befreit. Seine Schriften begründeten die Logotherapie und legten somit eine Grundlage für eine sinnzentrierte Lebensführung. Allen voran gilt noch heute sein episches Werk *Trotzdem Ja zum Leben sagen. Ein Psychologe erlebt das Konzentrationslager* als eine der wichtigsten Schriften des vergangenen Jahrhunderts. Frankl lebte ein Leben im Bann des 20. Jahrhunderts mit all seiner Gewalt, aber auch mit seinen Fortschritten, seinen Chancen und seinen Hoffnungen. Sein Lebensweg und seine richtungsweisenden Gedanken hallen bis heute nach.

I

Als scharfer Beobachter, als Arzt und Psychologe stand stets der Mensch im Mittelpunkt seines Denkens und Handelns. Egal wie schrecklich und hoffnungslos die Umstände erschienen, Sinnzentrierung und Humanismus blieben stets sein Kompass. Aus diesem Kompass, dieser tiefen inneren Verwurzelung schöpfte er Kraft für das Weiterleben, das Weitermachen, das Erreichen und Erleben des nächsten Tages, gerade auch in der Hölle der Lager.

»Entscheidend ist der Mensch«, so lautet eine seiner Kernthesen. Selbst in den Lagern blieb er, der Häftling und Betroffene, stets auch Beobachter. Dort erlebte er das für uns Unfassbare. Er erlebte, wie Leid »die Menschen zusammengeschweißt (hat). So wurden aus Genossen des Leidens Genossen des Kampfes für die Menschlichkeit. Wenn es nun für die Gnade des Überlebens einen Dank gibt – wenn es für das Weiterleben einen Sinn gibt, dann ist es der Kampf um die Menschlichkeit.«

Hier erleben wir ein zentrales Thema Frankl'schen Denkens. Sinnzentrierung, dem Leben einen Sinn geben, entweder in der Liebe zu einem Menschen und / oder in der Hingabe an eine gute Sache, eine Sache des Humanismus, der Menschlichkeit – eine Sache wie den Frieden.

Frankl ist ein Kämpfer, allerdings ein Kämpfer ohne Waffen. Er braucht keine Gewehre oder Panzer für seinen Kampf für den Frieden, er überzeugt durch unbestechliche Klarheit, durch präzise Analyse und klare Schlussfolgerungen. Hier einige Kostproben:

Am 10. März 1988 steht Viktor Frankl anlässlich einer Gedenkveranstaltung zum 50. Jahrestag des Anschlusses Österreichs an das Deutsche Reich 1938 auf dem Balkon des Wiener Rathauses vor einer großen Menschenmenge. Als Schlussredner spricht er über seine Ansichten zu Anstand, Mut, der Pflicht zum Widerstand und zu Kollektivschuld, im damaligen Österreich sehr umstrittene Themen.

Er sagte: »Widerstand setzt doch Heroismus voraus, und Heroismus darf man meiner Ansicht nach nur von einem einzigen Menschen verlangen, und das ist man selbst! Und wer dann sagt, man hätte sich lieber einsperren lassen sollen, als dass man sich mit den Nazis arrangiert, der dürfte das eigentlich nur dann sagen, wenn er für seine eigene Person unter Beweis gestellt hat, dass er es vorgezogen hatte, sich in Konzentrationslager stecken zu lassen.«

Noch heute schauert es mich ob der Wirkkraft seiner Worte, ihrer Weisheit und Souveränität. Wie stark muss ein Mensch, der das Unaussprechliche in den Lagern erlebt und überlebt hat, sein, um solche Gedanken in der damals aufgeheizten politischen Lage auf dem Rathausbalkon öffentlich auszusprechen. Frankl erkennt den Menschen als schwach an. Doch das schreckt ihn nicht, denn er weiß auch um die immer wieder neu aufscheinende Chance zu menschlicher Stärke, zum Hinauswachsen über sich selbst. Er weiß, dass jeder von uns immer wieder vor Entscheidungen steht, dass das Leben einer scheinbar endlosen Kette von Entscheidungen gleicht. Jeder Tag ist neu, und mit jeder Entscheidung haben wir wieder die Wahl: Wir können das Richtige, das Gute tun, wir können uns bequem in die Unverbindlichkeit zurückziehen oder uns für das Schlechte, das Böse entscheiden.

Hier leuchtet Frankls Größe durch. Er urteilt nicht, sondern er macht konkretes, eigenes Handeln zum Maßstab der Dinge. Er geht mit gutem Beispiel voran, er erhebt nicht moralisierend den Zeigefinger, sondern führt durch Beispiel.

Eine zentrale Entscheidung in diesem Sinne war, dass er 1940, also schon mitten im Zweiten Weltkrieg, die Chance zur Ausreise in die USA nicht nutzte. Sein Visum galt nur für ihn und nicht für seine Eltern. Es war ihm unmöglich, seine alten Eltern im Wien der Nazis allein zurückzulassen. Er entschied, das Visum, seine mögliche Rettung, bewusst verfallen zu lassen. Er hätte – so er seine Eltern allein zurückgelassen hätte – keinen inneren Frieden in den für ihn sicheren USA gefunden. Die Konsequenzen dieser Entscheidung waren schon 1940 absehbar: Verhaftung, Verlust des alten Lebens, von Hab und Gut, und am Ende möglicherweise der Tod. Doch der Kämpfer für den (inneren) Frieden siegte in ihm, Frankl wuchs über sich hinaus und ging den Weg, den er gehen musste.

II

Frankl fragt: »Was ist also der Mensch? Er ist immer ein Wesen, das entscheidet, was es ist. Ein Wesen, das gleichermaßen die Möglichkeit birgt, auf das Niveau eines Tieres herabzusinken oder sich zu einem heiligenmäßigen Leben aufzuschwingen.«

Hier zwingt er uns, sich mit dem Paradox menschlicher Existenz auseinanderzusetzen. Menschen können viel Gutes tun, sind aber zugleich auch zu grausamen Taten fähig. Wir haben die Medizin zum Heilen und gleichzeitig Massenvernichtungswaffen zum Töten erfunden. Beide Extreme sind Teil menschlicher Realität, konditionieren unsere Welt, unsere gesellschaftlichen und politischen Systeme. Es ist, als ob Gegensätze, als ob Yin und Yang andauernd aufeinanderprallen. Daher ist es unsere immerwährende Aufgabe, sinnzentriert und immer wieder richtig zu entscheiden.

Heute erleben wir eine erschreckende Renaissance der Ideologie, des politischen und gesellschaftlichen Fanatismus, des Radikalismus und des Missbrauchs von Religion. Auch in diesem Kontext gibt uns Frankl hilfreiche Hinweise. Wie also mit diesen unfriedlichen Entwicklungen umgehen? Welche Orientierungshilfen kann er uns geben?

In seiner Rede 1988 auf dem Wiener Rathausplatz erhalten wir eine spannende Antwort: »Der Nationalsozialismus hat den Rassenwahn aufgebracht. In Wirklichkeit gibt es aber nur zwei Menschenrassen, nämlich die ›Rasse‹ der anständigen Menschen und die ›Rasse‹ der unanständigen Menschen. Und die ›Rassentrennung‹ verläuft quer durch alle Nationen und innerhalb aller Nationen quer durch alle Parteien.«

Dieses Zitat – wohl mehr als fast alle anderen – zeigt, wie wichtig das Primat des Einzelnen, des Menschen in Frankls Denken ist. Es geht nicht um ein in Ideologien oder Religionen trennendes »Ihr« und »Wir«. Wir sind nicht zu Stammeskämpfen, zu Vorurteilen verurteilt. Wir sind frei in unseren Entscheidungen und können uns immer wieder bei jeder Begegnung neu entscheiden, wie wir den anderen einordnen, welche Haltung wir zu welcher Situation, zu welcher Tat einnehmen. Diese Freiheit zur letzten Entscheidung ist mit das Kostbarste, was Frankl uns mitgegeben hat.

Im Umkehrschluss entsteht aber auch unsere Verantwortung für unser eigenes Tun beziehungsweise Nichttun, unser Unterlassen, unser Wegsehen. Wir sind für unsere Taten verantwortlich, wir können und dürfen uns nicht hinter anderen, hinter Befehlsnotständen oder Parteimeinungen verstecken. Nicht die Partei hat immer recht, sondern es ist unsere Verantwortung, als Einzelner immer wieder das Rechte, das Sinnhafte zu tun – auch wenn die Konsequenzen schmerzhaft sein können.

III

In meinem Leben hat Viktor Frankl einen prominenten Platz. Ohne zu ahnen, was ich entdecken würde, las ich erstmals über ihn und sein Werk in einem Zeitschriftenartikel vor mehr als zwanzig Jahren. Damals war für mich eine Zeit tiefen Schmerzes, eine Zeit von Verrat und Bestrafung für Dinge, die ich weder verursacht noch zu verantworten hatte. Drei Katastrophen brachen innerhalb kürzester Zeit über mich herein: der Suizid meiner Mutter in meinem Jugendzimmer, in meinem Kinderbett, die Katastrophe der CDU-Parteispendenaffäre und das Zerbrechen meiner ersten Ehe. Ich fühlte mich damals überfordert, orientierungs- und hilflos. Mein altes Leben zerbrach unter äußeren Einflüssen, und ich musste erkennen, dass ich viele falsche Entscheidungen getroffen hatte. Ich hatte den falschen Menschen vertraut und versucht, mich vor Realitäten zu verstecken. Und nun?

Suizid schien ein Ausweg aus der Hoffnungslosigkeit. Ein Versuch war schon gescheitert. Doch dann trat Viktor Frankl durch den besagten Zeitschriftenartikel in mein Leben. Sein Buch *Trotzdem Ja zum Leben sagen* erreichte in mir das Wertvollste und Wichtigste, was ein Mensch, der in einer Sackgasse steckt, erleben kann – einen Perspektivwechsel auf meine damalige Situation. Durch Frankl lernte ich, die Chance neuer Entscheidungen zu nutzen und das quälende Warum durch ein zukunftsorientiertes Wofür zu ersetzen. Er wurde mein Lehrmeister, und seine Gedanken wurden mein neuer Maßstab. Die Herausforderung für mich war klar: Wenn Viktor Frankl die Jahre der Lagerhaft, die Ermordung seiner Angehörigen und den Verlust seines alten Lebens positiv und sinnvoll lösen konnte, dann müsste mir doch auch ein Neustart gelingen – so meine damalige Entscheidung.

Und so ließ ich mich – im übertragenen Sinne – von ihm und seiner Philosophie an die Hand nehmen. So wie ein Kind das Laufen Schritt für Schritt erlernt, so war es mein Privileg, seine Ideen für meinen neuen Lebensweg Zug um Zug nutzen zu dürfen. Dafür bin ich ihm dankbar, dafür verehre ich Viktor Frankl als Kämpfer und Genossen für den Frieden. Für mich war und bleibt er mein Genosse, ein Hüne des 20. Jahrhunderts, dessen Wirken noch heute für uns ein Schatz der Erkenntnis und Inspiration ist und bleibt.

Vielen Dank, lieber Viktor Frankl!

VERSÖHNUNG – NICHT RACHE

Von Birgit Mosser-Schuöcker

Wer Grauenhaftes erlebt hat wie Viktor Frankl, trägt diese Erinnerungen ein Leben lang mit sich. »You asked me earlier, do I still think of these things? Not a day goes by when I do not!«, sagt der Neurologe in einem Interview anlässlich seines 90. Geburtstages.

Als Viktor Frankl 1945 aus dem KZ Türkheim in seine Heimatstadt Wien zurückkehrt, hat er alle Menschen verloren, die er je geliebt hat: seine Eltern, seinen Bruder und seine erste Frau Tilly. Sie alle kamen im Holocaust um. »So bin ich ganz allein geblieben. Wer kein analoges Schicksal hat, kann mich nicht verstehen. Ich bin unsäglich müde, unsäglich traurig, unsäglich einsam. Ich habe nichts mehr zu hoffen und nichts mehr zu fürchten. Ich habe keine Freude mehr im Leben, nur Pflichten …«, schreibt Frankl 1945 an ein befreundetes Ehepaar.

Wie kann man unter diesen Umständen weiterleben? Wie kann man in einer Stadt leben, in der Hunderttausende den sogenannten Anschluss an die Nazi-Diktatur freudig begrüßt haben? Und: Kann man vergeben?

1949 sagt Viktor Frankl in einer Gedenkrede: »Und es gibt nur persönliche Schuld! Niemals aber dürfte die Rede sein von Kollektivschuld! Freilich: es gibt auch die persönliche Schuld eines Menschen, der zwar ›nichts getan‹ hat – aber so manches unterlassen, unterlassen aus Angst um sich selbst oder aus dem Zittern um seine Angehörigen. Wer aber einem solchen Menschen zum Vorwurf machen will, dass er ein ›Feigling‹ war, der müsste zuvor für seine eigene Person unter Beweis gestellt haben, dass er selber in der gleichen Situation ein Held gewesen wäre. Doch ist es nicht besser, nicht all zu sehr mit andern ins Gericht zu gehen?«

Frankl spricht sich nicht nur gegen Kollektivschuld aus, er geht noch einen Schritt weiter: Er verteidigt auch Menschen, die womöglich Schuld durch Unterlassen auf sich geladen haben. In der Rede, die dem Gedenken an im Lager verstorbene Kollegen gewidmet ist, ruft er zur Versöhnung auf: »Ehre sei den Toten – und so wollen wir hinzusetzen: – und Friede allen Lebenden, die guten Willens sind!«

Denn, so schreibt Frankl in seiner Rede über die Opfer: »… was sie haßten und was wir hassen, sind niemals Menschen – Menschen muss man verzeihen können; was sie hassten, war nur das System – das die einen in Schuld brachte – und den andern den Tod brachte …«

Uwe Böschemeyer sieht Viktor Frankl als großen Versöhner: »Als Frankl nachhause kam, wartete niemand auf ihn. Trotzdem hat er sich nie gerächt, er kannte kein Rachegefühl. Es gibt keine Kollektivschuld, schuldig wird immer der

Einzelne. Das mochte man in Wien gar nicht gern hören, vor allem unter seinen Glaubensgenossen.«

Bereits 1946 hält Viktor Frankl eine Reihe von Vorträgen, in denen er sich mit dem Nationalsozialismus beschäftigt. Er betont, dass der Nationalsozialismus das Böse nicht geschaffen, sondern es nur durch die negative Auslese und durch die »fortzeugend Böses gebärende Macht des Vorbildes« gefördert habe. Und er zieht daraus einen Schluss, der wirklicher menschlicher Größe bedarf: »Was es gälte, wäre jetzt, die Kette des Bösen zu zerreissen; nicht wieder Gleiches mit Gleichem, Böses mit Bösem zu vergelten ...«

Er warnt davor, den Antifaschismus in einen Antigermanismus umzuprägen und so in die klassisch nationalsozialistische Mentalität des Pauschalierens hineinzuschlittern. Frankl, der sieben Jahre vor deutschen Uniformen zittern musste, weigert sich, »die Deutschen« pauschal zu verurteilen. Mehr noch, er betont, dass im KZ »die Wiener SS, aller übrigen SS voran, gefürchtet war«. Sicherlich keine Aussage, mit der man sich im Jahr 1946 in Österreich beliebt machen konnte. Wissend, dass ihn manche »im hochverräterischen Sinn« missverstehen würden, betonte er die Gefahr des »österreichischen Pharisäers«.

Es gibt eine Anekdote von einem der Amerika-Aufenthalte Frankls, die seine Haltung zur Kollektivschuld sehr anschaulich zeigt. Die Gastgeberin einer Party, zu der er eingeladen war, fragte den Österreicher, warum er noch in deutscher Sprache schreibe, obwohl ihm die deutschsprachige Bevölkerung so viel angetan habe. Zu ihrem Erstaunen lässt Frankl sich in die Küche führen und bringt seine Meinung durch eine Analogie zum Ausdruck: »Sie haben doch bestimmt eine Besteckladel? Dann hat Frankl ein Messer herausgenommen. Sie verwenden immer noch Messer in Ihrer Küche, wo doch so viele Menschen in der Welt durch Messer zu Tode gekommen sind?«, erzählt Elisabeth Lukas, eine Schülerin Frankls.

Frankl schreibt 1946 auch ein kurzes Theaterstück. *Synchronisation in Birkenwald* zeigt seine Idee vom Umgang mit Leid und Sinn, Schuld und Sühne. Zwei Brüder, Franz und Karl, sind in einem fiktiven KZ und haben den sicheren Tod vor Augen. Franz ist – wie Frankl selbst – nur um seiner Familie willen im KZ. »Das Dreckleben ist jedenfalls sinnlos, wenn man sich an diesen Dreck klammert. Wer nicht bereit ist, ihn zu opfern, der vegetiert und krepiert; sein Leben ist sinnlos. Wer aber bereit ist, sein Dreckleben hinzuschmeißen, dessen Tod kann sogar noch sinnvoll sein.«

Diese literarischen Sätze sind nichts anderes als ein wesentlicher Teil der Sinn-Lehre: Auch im Sterben kann Sinn liegen, wenn es von den richtigen Einstellungswerten getragen wird. Karl wird von einem als SS-Mann verkleideten Engel zum Verhör gebracht. »Ich muss sie quälen – bis aufs Blut quälen. Dann wird man sehen, was an ihnen ist.« Karl beugt sich nicht: »Das Leiden gehört dazu zum Leben – auch das Leiden hat Sinn.« Karl wird zu Tode gefoltert von dem Engel in

SS-Uniform, er hat seine Prüfung bestanden. Franz, der Überlebende, denkt jedoch nicht an Rache. Er spricht über die eventuell nahende Befreiung. »… man wird sich auch an denen vergreifen, von denen man nicht wissen wird, was sie insgeheim Gutes getan haben … Glaub mir, der eine oder andere ist ein Mensch geblieben, trotz allem, und tut was er kann – nur wissen wenige davon.« Franz, der soeben seinen Bruder verloren hat, ist bereit, diesen Menschen zu helfen. »… eine weiße Liste halte ich bereit – und zu diesen Leuten muss ich dann rasch hin, um ihnen zu helfen, um sie zu retten.« »Das Gesindel, die Verbrecher – ungestraft ihrem gerechten Schicksal entgehen lassen?«, fährt ihn ein anderer Gefangener entgeistert an. »Gerechtes Schicksal? Was nennst du gerecht? Dass man Hass mit Hass beantwortet – Unrecht mit Unrecht? Wenn wir dasselbe tun, was die anderen getan haben? Wenn wir die so behandeln, wie sie uns behandelt haben? Das ist keine Gerechtigkeit. Damit wird nur das Unrecht verewigt.«

Das schreibt ein Mann, der erst ein Jahr zuvor aus dem KZ heimgekehrt ist. Das Leid, das er in diesem Stück beschreibt – die tote Mutter, der zu Tode gefolterte Bruder, das vernichtete Manuskript –, sind keine literarischen Erfindungen, sondern von ihm selbst erlittenes Unrecht. Doch es ist nicht Rache, die er fordert, sondern Besinnung auf das Menschliche. Es geht dem Neurologen darum, Leidketten zu stoppen – ein Ansatz, der niemals an Bedeutung und Aktualität verliert.

»Psychisch reagiert der Mensch auf Leid und will zurückschlagen, geistig kann er aber sagen: Nein, ich halte den Schmerz, ich gebe ihn nicht weiter. Mir wurde Leid angetan, aber ich entscheide, welcher Mensch ich sein will: ein zurückschlagender oder ein verzeihender. Ich arbeite an meinem Selbstbild. Der Schmerz kommt von außen, ich muss darauf nicht reagieren. Der Mensch kann auch agieren. Ich finde das so tröstlich in Zeiten wie diesen, dass jeder den Frieden in der Hand hat. Wir können die Gesellschaft ein Stück entspannen und heller machen in unserer Funktion als Mensch. Der Hund beißt zurück, der Mensch muss nicht«, erklärt Elisabeth Lukas.

Die Kette der Gewalt und des Hasses zu unterbrechen ist viel – für mache Opfer zu viel – verlangt. Vor allem in der Nachkriegszeit, aber auch später – wie Frankls berühmt gewordene Ansprache 1988 zeigen wird – stößt diese Haltung auf bitteres Unverständnis.

Timothy Pytell schreibt etwa unter Bezugnahme auf Frankls *Synchronisation in Buchenwald*, Frankl hätte eine »Gnadenliste« aufstellen wollen, denn er wollte jene Menschen schützen, die »viel Gutes taten, insgeheim … darunter einige, die Uniform trugen.« Frankl habe offenbar eine Verpflichtung gespürt, nach Wien zurückzukehren, um den Nationalsozialisten zu verzeihen. Eine solche, einem Holocaust-Überlebenden gegenüber extrem unpassende Äußerung ist nur mit einer Mischung aus Unkenntnis der biografischen Fakten beziehungsweise Quellen und einer gehörigen Portion moralischer Arroganz erklärbar. Das korrekte Zitat aus *Synchronisation in Birkenwald* lautet: »Und man wird sich auch an denen vergreifen, von denen man nicht wissen wird, was sie insgeheim Gutes getan haben. Ich habe eine ganze Liste parat von Leuten, die in den Uniformen stecken, die wir so hassen. Aber unter dieser Uniform haben sie sich ein Herz bewahrt. Glaub mir, der eine oder andere ist Mensch geblieben, trotz allem, und tut was er kann – nur wenige wissen davon …«

Aus den erhalten gebliebenen Quellen geht klar hervor, dass Frankl nicht in seine Heimatstadt zurückgekehrt ist, um irgendwelche Listen abzuarbeiten, sondern aus einem sehr naheliegenden Grund: um nach seiner Mutter und seiner ersten Frau Tilly zu suchen, über deren Schicksal er im Unklaren war. Dafür gab er seine vergleichsweise angenehme Position als Arzt im deutschen Bad Wörishofen auf, wo er in einem amerikanischen Camp für Displaced Persons arbeitete. In seinem Kündigungsschreiben begründet der Neurologe seine Entscheidung: »Ich fahre nach München, weil ich dort nach einer Gelegenheit suche, um nach Wien zurückzukehren. Dort muss ich nach meiner alten (herzkranken) Mutter und nach meiner jungen Frau suchen: beide waren wie ich im Konzentrationslager und wir wurden dort voneinander getrennt. Bis jetzt habe ich von ihnen keine Nachricht. Selbstverständlich habe ich die Absicht, aus Wien wieder zurückzukehren …« Dieser Brief bestätigt das ohnehin auf der Hand liegende Motiv, in krassem Gegensatz zu Pytells Interpretation von Viktor Frankls Handlungen.

Nach seiner Rückkehr wird Frankl nicht nur von Trauer und Schmerz überwältigt, sondern auch von Zweifeln geplagt, warum gerade er überlebt hat. »Menschen, so jung wie ich und noch viel jünger, und tüchtiger und besser als ich – der es wie eine Art Scham empfinden muss, noch atmen zu dürfen, während diese prächtigen Menschen und viele Freunde in ihren Gräbern modern«, schreibt Viktor Frankl 1945 in tiefster Verzweiflung an ein befreundetes Ehepaar. »Und gerade er – warum nur er? Warum wieder der Falsche – Herrgott, du weißt, dass ich der Schlechtere bin!«, lässt Viktor Frankl sein Alter Ego Franz in seinem Bühnenstück *Synchronisation in Birkenwald* ausrufen.

Nicht Rachebedürfnis, sondern Selbstanklage quält Viktor Frankl nach seiner Heimkehr. Noch Jahrzehnte später beschäftigt sich der Neurologe in Gesprächen mit seinem langjährigen Mitarbeiter Alfried Längle mit brennenden Fragen: Hat auch er selbst Schuld auf sich geladen? Darf man das eigene Leben retten, auch wenn andere sterben müssen? »Das waren schon seine großen Fragen, wo er auch mit seiner Brillanz und Klarheit und Geistigkeit, sehr offen und klar vor sich selbst war. Aber auch nicht wirklich eine Lösung gefunden hat, sondern ihn das Gefühl dann einholte und ihm die Tränen brachten. Das waren gute Tränen, leidvolle Tränen.«

Der Mann, der schwerstes Leid und tiefsten Schmerz erfahren hat, klagt sich selbst an und verzeiht anderen. »Die, die überlebt haben, das waren nicht die besten, und da gehöre ich auch dazu. Wir brauchten ein gewisses Maß an Egoismus, um da durchzukommen. Und wir haben einander auch Unrecht angetan. Ich auch, sonst hätte ich nicht überlebt.«

Nur ein Mensch, der auf diese erschütternde Weise ehrlich zu sich selbst ist, kann anderen verzeihen und die Hand reichen. So sagt Frankl bei einer Gedenkrede anlässlich der Befreiung des Konzentrationslagers Türkheim, in dem er selbst gefangen war:

»Aber eigentlich darf man Heroismus nur von einem verlangen, und das ist man selbst. Zumindest ist nur derjenige wirklich berechtigt, Heroismus von anderen zu fordern, der zunächst einmal für seine eigene Person unter Beweis gestellt hat, dass er lieber ins KZ gegangen ist, als sich anzupassen oder Kompromisse einzugehen. Wer aber im sicheren Ausland saß, der darf nicht von anderen verlangen, lieber in den Tod zu gehen als Opportunismus zu betreiben. Und siehe da: diejenigen, die im Lager waren, urteilen im Allgemeinen viel milder als etwa die Emigranten, die ihre Freiheit retten konnten, oder diejenigen, die erst Jahrzehnte später überhaupt zur Welt gekommen sind. Zum Schluss kann ich aber nicht umhin, auch einem Manne zu danken, der diese Danksagung leider nicht mehr erleben konnte. Ich meine den Kommandanten des Türkheimer Lagers, Herrn Hofmann …«

Ein ehemaliger KZ-Häftling dankt seinem ehemaligen Lagerkommandanten, einem SS-Mann. Eine Ungeheuerlichkeit? Nicht für Viktor Frankl, der zutiefst von der Individualität von Schuld überzeugt ist. Der Kommandant hat aus eigener Tasche Medikamente für die Häftlinge bezahlt, daher der Dank.

Am 10. März 1988 wird Viktor Frankl als über Achtzigjähriger zum 50. Jahrestag des sogenannten Anschlusses auf dem Wiener Rathausplatz eine vielbeachtete (und kritisierte) Rede halten. Zunächst gedenkt der Neurologe seiner Familie, die im KZ umgekommen ist. Dann setzt er fort: »Und doch muss ich Sie darum bitten, kein Wort des Hasses von mir zu erwarten. Wen sollte ich auch hassen? Ich kenne ja nur die Opfer, aber nicht die Täter, zumindest kenne ich sie nicht persönlich – und ich lehne es ab, jemanden kollektiv schuldig zu sprechen.«

Seine Ansprache gipfelt in den Worten: »Der Nationalsozialismus hat den Rassenwahn aufgebracht. In Wirklichkeit gibt es aber nur zwei Menschenrassen, nämlich die ›Rasse‹ der anständigen Menschen und die ›Rasse‹ der unanständigen Menschen. Und die ›Rassentrennung‹ verläuft quer durch alle Nationen und innerhalb jeder einzelnen Nation quer durch alle Parteien. Sogar in den Konzentrationslagern ist man hie und da auf einen halbwegs anständigen Kerl unter den SS-Männern gestoßen – genauso wie auf den einen oder anderen Falotten unter den Häftlingen. Ganz zu schweigen von den Capos. Dass die anständigen Menschen in der Minorität sind, dass sie immer eine Minorität gewesen sind und voraussichtlich auch bleiben werden – damit müssen wir uns abfinden. Gefahr droht erst dann, wenn ein politisches System die negative Auslese einer Nation an die Oberfläche schwemmt. Dagegen ist aber keine Nation gefeit, und in diesem Sinne ist auch jede Nation holocaustfähig!«

Für diese Rede wird Viktor Frankl immer wieder kritisiert. So hält Alfried Längle die Formulierung von der Rasse der »Anständigen« und der Rasse der »Unanständigen« für »undifferenziert und idealistisch«. Keiner habe die Anständigkeit gepachtet, wie es dieses Rassenverständnis suggeriere. Für Längle ist eine solche Denkweise moralisierend. Er selbst habe Frankl – vor seiner Ansprache – auch darauf hingewiesen. »Eine gewisse dichterische Freiheit müssen Sie mir schon lassen!«, sei Frankls Antwort gewesen.

Auch Timothy Pytell ist ein Kritiker von Frankls Haltung zur Kollektivschuld. In seinem Buch *Viktor Frankl's Man's Search for Meaning* schreibt er: »… people have collective responsibility. But in 1946, Frankl began with the statement, that there is no collective guilt, never asking wether we are responsible.«

Alexander Batthyány hat in seiner »Kritik der Kritik« darauf hingewiesen, dass Pytell offenbar nicht wahrgenommen habe, dass Frankl gerade in der Kollektivschuldfrage eine klare Differenzierung zwischen Individualschuld und kollektiver Haftung und Verantwortung getroffen habe.

Viktor Frankl hat sich zwar gegen die Kollektivschuld, aber für eine kollektive Haftung beziehungsweise Verantwortung der Deutschen und Österreicher ausgesprochen. So zog er bei einem Vortrag 1946 den Vergleich zu einer Blinddarmoperation. Sicherlich träfe den Patienten daran keine Schuld, trotzdem sei er dem Arzt das Honorar für die Operation schuldig und hafte für die Bezahlung. »Ebenso haftet ein Volk in seiner Gesamtheit, und so auch jeder Einzelne unter diesem Volk Angehörenden, dafür, dass er von einer Tyrannis und einem Terror erst von anderen Völkern befreit werden musste ... So bin ich denn auch dann, wenn ich persönlich unschuldig bin an dem, was die Nation, der ich angehöre, im Weltgeschehen verbrochen hat – für die Folgen dieser Verbrechen mithaftbar.«

In völligem Gegensatz zu diesen Äußerungen behauptet Pytell, Frankl sei der Frage der österreichischen Verantwortung ausgewichen, indem er jegliche Schuld dem »Regime oder System« angelastet habe, »das die Schurken an die Spitze bringt ... Darin liegt die wirkliche Gefahr.« Dieses Wegschieben von Verantwortlichkeit habe unter Hinweis auf das System alle freigesprochen. »Jede einzelne Person sei bloß ein unbedeutendes Rädchen im Getriebe gewesen, das im totalitären System gefangen war. Diese Version trug dazu bei, persönliche Verantwortung zu leugnen und Gewissensnöte zu beschwichtigen.«

Ein zu dieser Wertung passendes Zitat bleibt Pytell schuldig – es wäre auch nicht zu finden gewesen. Ist doch der Grundsatz, der sich durch das ganze Lebenswerk des Neurologen zieht, dass es immer auf den Einzelnen und sein Verhalten ankommt. Die Hand zur Versöhnung zu reichen, ist ein konsequentes Weiterdenken dieses Grundsatzes. Auch dabei kommt es auf das Verhalten des Einzelnen an: Nach dem Willen Viktor Frankls soll nicht Gleiches mit Gleichem, nicht Hass mit Hass vergolten werden. Nein, die Kette des immer – von Generation zu Generation – weitergegebenen Hasses solle endlich reißen. Das ist das Vermächtnis von Viktor Frankl.

DIE TROTZMACHT DES FRIEDENS

Von Klaus Haselböck und Michael Holzer

23 sozio-ökonomische Indikatoren bezieht das Institute for Economics & Peace mit ein, um 163 Ländern, immerhin 99,7 Prozent der Weltbevölkerung, jährlich den Global Peace Index (GPI) vorzurechnen. In dieser Vermessung des Weltfriedens werden Daten zur politischen Stabilität, gesellschaftlichen Sicherheit, Kriminalität, Verwicklung in bewaffnete Konflikte, Rüstung und Flüchtlingsbewegung mit Analysen verknüpft, die darlegen, wie viele einzelne Staaten aktiv zum Frieden beitragen. Island bleibt Nummer eins der Welt-Friedensrangliste, vor Neuseeland, Irland, Dänemark und Österreich. Die Schweiz liegt auf dem elften, Deutschland auf dem sechzehnten Platz. Überhaupt wies die Studie Europa auch 2022 als friedlichste Weltgegend aus, trotz des russischen Angriffskrieges in der Ukraine. Der Aggressor ist nicht einmal Letzter im Ranking globaler Unfriedenstifter, dahinter kommen mit Syrien, dem Jemen und Afghanistan die ultimativen Gewaltstaaten.

Und? Wird die Welt friedlicher? Ja und nein. In der Steinzeit lag die Wahrscheinlichkeit, von einem menschlichen Artgenossen erschlagen zu werden, noch bei 30 bis 50 Prozent – insofern: Ja. In den vierzehn Jahren jedoch, seit der GPI erhoben wird, geht es mit dem Weltfrieden kontinuierlich leicht bergab – insofern: Wir waren auch schon friedlicher. Für 2022 weist der Report eine Indexverschlechterung von »nur« 0,3 Prozent aus. Oberflächlich betrachtet wirkt die Marginalie beinahe erleichternd angesichts des neuen Kriegsschauplatzes in Europa. 0,3 Prozent – alles gar nicht so schlimm? Das Institute for Economics & Peace betont: Die Kaskade an weiterem Leid, die der Ukraine-Krieg in Form von weltweiter Inflation, Energiekrise, Ernährungsunsicherheiten in den Entwicklungsländern und kollektivem Aufrüsten nach sich zieht, sei nicht einmal annähernd abbildbar.

Absolute Zahlen machen deutlicher, warum der Kampf um Frieden einer gegen Windmühlen zu bleiben droht: 2008 gab es weltweit 31 Millionen gewaltsam aus ihrer Heimat Vertriebene, 2022 waren es bereits 88 Millionen. Während sich die jährlichen Militärausgaben seit 1980 auf mehr als zwei Billionen US-Dollar verdoppelt haben, dümpeln Investitionen in Friedensentwicklung und -sicherung bei gerade einmal einem halben Prozent dieser Summe herum. Die Gewalt hat einen exorbitant hohen Preis, doch er schreckt uns augenscheinlich nicht genug: Allein 2021, noch vor dem Einmarsch Russlands in die Ukraine, schadete sich die Weltgemeinschaft durch die Auswirkungen von Gewalt mit 16,5 Trillionen US-Dollar (eine Trillion steht für 1000 Milliarden) selbst! Das entspricht elf Prozent der Weltwirtschaftsleistung oder 2117 Dollar pro Mensch auf dieser Erde. Der ernüchternde Befund: Wir sind eine Spezies, die für Geld fast alles macht, bloß nicht Frieden.

»Fünf große Feinde des Friedens wohnen in uns: nämlich Habgier, Ehrgeiz, Neid, Wut und Stolz. Wenn diese Feinde vertrieben werden könnten, würden wir zweifellos ewigen Frieden genießen«, schrieb der italienische Renaissance-Humanist Francesco Petrarca im 14. Jahrhundert. An edlen Zitaten hat es nie gemangelt. Sie haben Postulats-Charakter, lösen innere Zustimmung aus und leider auch einen »Ja, eh!«-Effekt, der nichts bewirkt. Immerhin verortete Petrarca die Demarkationslinie zwischen Gut und Böse vom abstrakten Größeren, das Frieden machen soll, also Gott, die Staatenlenker, die Oberen oder die anderen, hinein in die einzelne Person. Vor ihm und nach ihm haben sich Weltreligionen, Denker und Dichter aller Epochen sowie Weise aller Wissenschaften an der enervierenden Dualität abgemüht – kann doch der Mensch dem Menschen von Natur aus gleichermaßen ein liebender Gott und ein reißender Wolf sein. Zwei Seelen, ach, wohnen in unserer Brust – und das macht den Frieden zum vulnerablen Konzept und zeitlosen Konjunktiv. Für nichts anderes wird so flehentlich gebetet, so inbrünstig appelliert, um nichts so verzweifelt gerungen – und trotzdem: An nichts anderem scheitert die Menschheit so kolossal wie an ihrer gewaltfreien Koexistenz.

So richtig und wichtig Friedensforschung und die Suche nach biologischen, psychologischen, religiösen, soziologischen, politischen und wirtschaftlichen Hintergründen im Großen ist, sie entbindet uns nicht von der eigenen Gewissenserforschung im Kleinen. Wie viel Friede habe ich eigentlich in mir? In meinen Gedanken und Gefühlen, meiner Beziehung zu mir selbst, zu meiner Vergangenheit, zu anderen Menschen und zur Welt? Bin ich mit mir selbst und mit meinem Leben im Frieden? Oder toben dort dieselben – wenn auch unblutigen – Stellungskriege, Grabenkämpfe und Bombardements, die mich in den Nachrichtensendungen erschüttert oder abgestumpft zurücklassen? Hass ist der schlechteste Friedensbotschafter. Wo die mentale Kompetenz zur Kontrolle kruder Impulse aus dem Reptiliengehirn fehlt, reicht oft schon ein Funke für den Flächenbrand. Auch bei der Gewalt ist im Anfang das Wort: Im Verkehrsstau wegen der Klima-Demonstranten, in den Erregungskurven der (sozialen?) Medien, in der politischen Diskussion, im Familienstreit, im inneren Monolog, den wir mit uns führen.

Ohnmächtig ausgeliefert sind wir den eigenen dunklen Seiten freilich nicht. Ein Satz des Psychiaters und Therapeuten Viktor Frankl kondensiert den springenden Punkt bei der Friedfertigkeit in Form der Eigenverantwortung: »Zwischen Reiz und Reaktion liegt ein Raum. In diesem Raum liegt unsere Macht zur Wahl unserer Reaktion. In unserer Reaktion liegen unsere Entwicklung und unsere Freiheit.« Mit seiner Logotherapie und Existenzanalyse, der Dritten Wiener Schule der Psychotherapie, ist Frankl wohl einer der verdienstvollsten Friedensstifter, die Österreich hervorgebracht, wenngleich – bezeichnenderweise – wenig wertgeschätzt hat. Die Sinnlehre gegen die Sinnleere, die er begründet hat, ist anerkanntermaßen eine probate Anleitung für den Seelenfrieden. Wer diesen einmal gefunden hat, erklärt niemandem leichtfertig den Krieg. Vor dem Hintergrund seines eigenen Schicksals und seiner Biografie potenziert sich Frankls geistiges Vermächtnis zu einem Welterbe der Versöhnlichkeit: Seine eigene Familie im Holocaust fast komplett ausgerottet, sein bester Freund in den letzten Kriegswirren von den Nazis enthauptet, er selbst in vier Konzentrationslagern 946 Tage lang als Häftling Nr. 119.104 malträtiert: »Durchglüht vom Schmerz, wurde der Mensch eingeschmolzen auf das Wesentliche an ihm«, schrieb er einmal. Niemand hätte ihm Hass und Verbitterung verübeln können. Doch Hass führt zu mehr Hass, das wusste er als Psychologe und nutzte seinen Raum zwischen Reiz und Reaktion für eine andere Wahl – als Aussöhner und Versöhner. Ein Vorbild, von dem wir lernen können.

Im Juli 1946, nur ein Jahr nach seiner Befreiung aus dem Konzentrationslager, wohnte er in der Mariannengasse 1/14 im neunten Wiener Gemeindebezirk mit 27 Ausgebombten, Kriegsheimkehrern und Flüchtlingen. Sein Blick fiel damals durch zerborstene Fenster mit Scheiben aus Pappkarton in eine zerstörte Welt. Der Sozialdemokrat Bruno

Pittermann hatte Frankl nach dessen Rückkehr das Dach über dem Kopf, eine Stelle als ärztlicher Leiter der Neurologie an der Wiener Poliklinik und eine alte Schreibmaschine organisiert. Auf dieser vollendete Frankl sein Manuskript *Ärztliche Seelsorge*, das zum Standardwerk seiner Logotherapie und Existenzanalyse wurde. In den Sommertagen des Jahres 1946 schrieb er für die zwölfte Ausgabe der Monatszeitschrift *Der Turm* einen Text unter dem Titel »Friede unter uns«: »Menschlichkeit fängt aber erst dort an, wo die Unterschiede zwischen Mensch und Mensch und zwischen den Gruppen aufhören. Von uns kann daher niemand mehr verlangen, dass wir noch unterscheiden zwischen Christen und Juden, zwischen Österreichern und Preußen, zwischen Mitgliedern der einen oder anderen Partei – nicht einmal zwischen Mitgliedern, Anwärtern und Mitläufern. Wer jedoch wäre berufener, dies zu verkünden, das Gemeinsame zu finden und das Trennende zu überwinden, als wir? Sollten wir es nicht können, wir, die wir es zu leisten vermochten inmitten der Hölle? Dort mussten wir es erlernen und dort haben wir es gelernt – jetzt müssen wir es lehren: den anderen zu verstehen, wo immer er stehen mag. Denn wir brauchen Verständnis füreinander und wir brauchen Verständigung miteinander. Wen darf es da wundern, wenn wir erklären: Für uns kann es nur eine Politik geben, und das ist jene Politik, die – Hände reicht. Möge ja keiner glauben, eine Politik, die Hände reicht, vergibt sich etwas; umgekehrt: Eine Politik, die nur ihr Programm und ihre Taktik kennt, begibt sich des letzten Sinnes und des Endzwecks ihres Wollens. Wir wollen bekennen, was wir erkannt haben. Und was wir erkannt haben, das ist: der Mensch. Wir haben den Menschen erkannt als das, was er ist, als das Wesen, das jederzeit in der Entscheidung steht. Ihn als solches entdecken, heißt aber immer auch schon, ihn zu sich erwecken. Wir haben den Menschen kennengelernt, wie vielleicht bisher noch keine einzige Generation. Das Bild vom Menschen, das wir nunmehr haben, ist uns Warnung und Mahnung und Hoffnung in einem. (…) Wann kommt die Zeit, und wo bleibt das Volk, das – so wie einst das Judentum der Welt den Monotheismus schenkte – in dessen notwendiger Ergänzung endlich der Menschheit den Monanthropismus gibt, den Glauben an die eine Menschheit? An eine Menschheit, die nur mehr eine Unterscheidung kennt: die Unterscheidung zwischen Menschen und Unmenschen!«

Es ist dies das Zeitzeugnis eines Zeitzeugen, im Schlagschatten der größten Katastrophe der Menschheitsgeschichte: Was befähigte Viktor Frankl nach allem, was er erlebt hatte, zu so einer altruistisch-allparteilichen Haltung? In seinem Text, den er im Alter von 41 Jahren verfasst hat, changieren die großen Einsichten zwischen »in die Welt geworfen sein«, wie der Philosoph Martin Heidegger die menschliche Existenz bezeichnete, und »im Leben geworden sein«. Allem voran steht der mentale Reflex, den Frankl die »Trotzmacht des Geistes« nannte. Deren geistiger Keim war in ihm als siebzehnjähriger Gymnasiast aufgegangen: Bei seinem ersten Kletterabenteuer – in einem Steinbruch an der Wiener Stadtgrenze – bemerkte er, wie Panik in ihm aufstieg. Doch anstatt zu resignieren, tat er das Gegenteil, bot seiner Höhenangst die Stirn und erlaubte sich selbst, ein begeisterter Alpinist zu werden. Zu wichtig waren ihm die Berge als Sehnsuchtsraum für Sinnerfüllung und existenzielles Wachstum. Dies wollte er sich keinesfalls nehmen lassen. »Man muss sich ja nicht alles von sich gefallen lassen. Man kann auch stärker sein als die Angst«, lautet sein bekannter Aphorismus. Dieses kostbare Stück menschlicher Freiheit ermöglicht uns, Entscheidungen zu treffen und die Bedingungen des Lebens in jeder Situation selbst zu wählen. Es sollte zu Frankls Lebensmaxime werden – zum bestimmenden Grundton seiner Weltanschauung, seines Menschenbildes und zum zentralen Postulat der von ihm begründeten Philosophie und Therapie. Wie er im Raum zwischen Reiz und Reaktion die Bürden seines Schicksals trug, wohnte seiner »Trotzmacht des Geistes« auch eine »Trotzmacht des Friedens« inne.

In jenem Sommer 1946, als Frankl den Appell »Frieden unter uns« schrieb, machte sich bezahlt, dass er sich seinen tiefen seelischen Wunden und seiner Verzweiflung nicht ohnmächtig überlassen hatte. »… trotzdem Ja zum Leben sagen«: So lautete nicht nur der Titel seines Erlebnisprotokolls aus dem KZ, das zu den bedeutendsten Büchern des 20. Jahrhunderts zählt. Der Satz war auch seine persönliche Parole der Hoffnung und der Lebensbejahung unter allen Umständen. Nach »den Hammerschlägen des Schicksals und der Weißglut des Leidens an ihm« liefen ein Jahr nach Kriegsende in seiner Biografie jene drei elementaren Erfüllungsbedingungen zusammen, aus denen seiner Überzeugung nach Sinn und innerer Frieden im Leben resultieren: Die Einstellungswerte waren für Frankl eine vitale Basis, die ihn das Unabänderliche in den schweren Zeiten tapfer ertragen ließ. Ihm war dabei bewusst, dass er über seine Haltung frei entscheiden kann und somit auch in tiefster Not handlungsfähig bleibt. Zu den schöpferischen Werten zählen aktive Beiträge, wie einem Beruf nachzugehen, durch den etwas Wertvolles in der Welt entsteht. Dies gelang Viktor Frankl, indem er als Seelenarzt und Therapeut für die Menschen in seiner kriegstraumatisierten Heimatstadt sowie als Autor und Vortragender für Sinnsuchende in aller Welt zur wichtigen Stütze wurde. Sein privates Glück fand er in Elli Schwindt, seiner zweiten großen Liebe, die er 1946 heiratete. Und die für das Seelenheil so unentbehrlichen Erlebniswerte, also die dritte Hauptroute zum Sinn, sind Aktivitäten, die wir mit positiven Gefühlen verbinden – wenn wir etwas tun, das spannend, interessant, lustig oder berührend ist. Viktor Frankl und seine Elli holten sich dies in den Bergen, vornehmlich auf seinem erklärten Lebensberg, der Rax.

In einem Brief an seine Schwester Stella, die den Holocaust – neben ihm – als Einzige seiner Familie in Australien überlebt hatte, schrieb Frankl im August 1946: »Vor einer Woche kam ich von einem 2-wöchigen Urlaub zurück, den ich auf der Rax (Ottohaus) verbracht habe, gemeinsam mit meinem Girlfriend. Wir hatten wunderbares Wetter, genug zum Essen – freilich nur, weil ich meine ganzen Konservenbestände mitgenommen hatte. Ich war in der zweiten Woche auch klettern und habe, Gott sei's gedankt, schließlich den Malersteig (1–2er) trotz Regen und daher ohne Brille, ohne Kletterschuhe (nur in Socken), und belastet mit 35 m Seil (allerdings ohne Rucksack) als Erster (also vorangehend) gemacht, in Begleitung eines gemieteten Führers natürlich; und ich bin ruhig und sicher gegangen und war dann gar nicht müde – nach 5 Jahren Unterbrechung, mit 41 Jahren am Buckel, davon 7 Jahre Hitler, 3 Jahre Konzentrationslager und einer wahrscheinlichen kleinen Herzmuskelschädigung durchs Fleckfieber!«

In der Ausgesetztheit steiler Grate und senkrechter Wände, aber auch beim Gehen über weite Hochebenen therapierte und heilte sich Viktor Frankl selbst. In den Bergen fand und bekräftigte er dieses fragile und so flüchtige Gut des inneren Friedens immer wieder aufs Neue. Klettern war sechs Jahrzehnte lang sein Lebenselixier und die Berge sein Resonanzraum, in dem er mit dem größeren Ganzen in Verbindung trat. Er war dort unterwegs, wo sich abstrakte Werte wie Freiheit,

Verantwortung und Selbstvertrauen in konkreter Tat verkörpern. Wandern half ihm beim Sinnieren und Pläneschmieden, während Klettern für ihn ein Über-sich-Hinauswachsen und Zu-sich-Durchdringen ad Infinitum war. Wenn er sich im dreidimensionalen Raum bewegte, zwang ihn das bedingungslos in die Gegenwart und ermöglichte Akte der Selbstermächtigung und der Selbsttranszendenz, des Sich-selbst-Vergessens, in dem die Stimmen des Urteilens, des Zweifels und der Angst verhallen mussten. Weil nur der nächste Griff, der nächste Tritt, nur der Moment zählte. Die Berge schenkten Frankl die Ruhe, in der die Kraft lag: »Jedenfalls gehe ich in die Berge (wie andere in die Wüste), um mich zu sammeln, auf einsamen Wegen, sagen wir über das Plateau der Rax. Es gibt kaum wichtige Entschlüsse, oder wichtige Entscheidungen, die ich nicht auf solchen einsamen Wanderungen dort droben gefasst und getroffen hätte«, beschrieb er seine Faszination für den alpinen Kosmos, in dem sein Geist frei atmen konnte.

Ob die Natur, die Berge, ihre Heilkraft entfalten können, hängt von uns ab: Wenn wir es zulassen, dienen sie uns als Seelenspiegel. Dann können wir die Zerrbilder unserer Wirklichkeitskonstruktionen zurechtrücken – Selbstzweifel und Selbstüberhöhung, Egomanie und Aggression, Projektion und Depression, Kämpfe und Konflikte. Abseits der Städte, die stets auch emotionale Ballungszentren sind, finden wir den nötigen Platz zum Atmen. So ist die alpine Natur ein anarchisches Feld, das uns in die Ursprünglichkeit des Menschseins zurückbringt. Es bewahrt uns vor der Beliebigkeit im Agieren, vor gedankenlosem Handeln und handlungslosem Denken, wie es in den Tälern, im urbanen Raum, in uns allen, ständig lauert. Das so inflationär gewordene »Verlassen der Komfortzone« geht im Kern auf Frankl zurück, der schon früh propagierte, dass es gerade in einer überzivilisierten Gesellschaft, einer übertechnisierten und überkommerzialisierten Welt, Reflexionsräume brauche, in denen wir uns selbst herausfordern und immer wieder neu auf das Leben und die Welt kalibrieren können. Uns immer wieder neu aus- und versöhnen mit Ambiguitäten und Ambivalenzen in uns und um uns herum. Um entscheidungsfähig für die nächstfälligen Schritte, für »das Richtige« zu werden und über die »Trotzmacht des Geistes« diese »Trotzmacht des Friedens« in uns zu stärken.

Um diese Friedensressource anzusteuern, braucht es den aktiven Schritt und die gelebte Praxis in Form einer lebenslangen Wiederholung. Viktor Frankl hat mit dem Drei-Enzian-Steig in der Oberen Preinerwand eine unscheinbare, 150 Höhenmeter lange Kletterroute für sich entdeckt, die er über die Jahrzehnte wieder und wieder fast ritualhaft durchstiegen hat. Im Vertrauten muss er immer wieder neue Aspekte seines eigenen Wesens erkannt, neue Bezüge hergestellt und tiefere Schichten seiner Wahrnehmung berührt haben. Von den Details lässt sich auf das große Ganze schwenken und die Welt samt ihren Menschen holistischer verstehen. In unserer eigenen Seelenlandschaft als Friedensstifter unterwegs zu sein, erst recht auf scheinbar bekannten Pfaden, ist eine Reise zum Wesenskern unseres Seins, unseres Sinns, ein Weg zur Meisterschaft. Es ist dies eine Einladung, Wege auch Hunderte Male zu gehen, uns wieder und wieder für die Versöhnung zu entscheiden und dabei in die Qualität unseres Friedens hineinzuklettern. Also genau wie Viktor Frankl das vorgelebt hat, ehe er am 2. September 1997 mit den Worten »Die Situation entbehrt jedweder Tragik« für immer einschlief.

PAX UND LOGOS. DIE BEDEUTUNG VON VERSÖHNUNG UND FRIEDEN

Von Elisabeth Lukas

Alle, die die Logotherapie kennen und zu schätzen wissen, sind froh, dass Herr Prof. Frankl die Torturen seiner KZ-Aufenthalte überlebt hat und schlussendlich der Gefangenschaft entronnen ist. Aber seine immense Leistung, die nicht genug gewürdigt werden kann, war nicht sein Überleben – da hat wohl das, was man allgemein »Glück« nennt (man kann auch sagen: ein »Segen von oben«), mitgespielt. Seine unglaubliche Leistung war, dass er seelisch heil überlebt hat und Jahrzehnte später am Wiener Rathausplatz vor Tausenden Leuten aufrichtigen Herzens sagen konnte: »Erwarten Sie kein einziges Wort des Hasses von mir …« Allein dafür hätte ihm schon der Friedensnobelpreis gebührt.

Wenn ich hingegen von Frieden und Versöhnung spreche, ist das nicht im Mindesten eine Leistung. Manch einer, der ähnlich Schreckliches wie Frankl erlebt haben mag, wird vielleicht sogar unwillig denken: »Ach, Frau Lukas, du hast leicht reden! Du hast keinen Krieg mitgemacht, bist nicht vertrieben worden, hast keine Angehörigen im Krieg verloren … was willst du uns erzählen?« Nun, ich gestehe sogleich: Ich weiß nicht, ob ich als Opfer von Kriegsgräueln und brutalen Verfolgungen die Kraft zu einer versöhnlichen Gestimmtheit aufbringen würde. Ich weiß es nicht. Je Schlimmeres ein Mensch erfahren hat, umso schneller kommt er beim Thema »Versöhnung« an seine Grenzen. Deshalb bitte ich um Entschuldigung, dass ich als Nicht-Betroffene es wage, ein Plädoyer wider die Rache und für den Frieden zu halten. Ich verstehe mich dabei lediglich als eine Botschafterin des Vermächtnisses Frankls. Ich will nichts anderes als seinem Vermächtnis nachspüren und dessen Bedeutung für unser aller Leben hervorheben. Denn eines ist bei Betroffenen und Nicht-Betroffenen gleich: Die »tragische Trias« Leid, Schuld und Tod betrifft uns alle, früher oder später, grausamer oder sanfter, aber dennoch unvermeidlich, und folglich gibt es keinen einzigen Menschen weit und breit, der nicht irgendwann einmal um Versöhnung ringen müsste – um Versöhnung mit sich selbst, mit anderen Menschen, mit seinem Herrgott, Versöhnung mit Endlichkeit und Sterblichkeit.

Darf ich von einem Beispiel berichten, das Herrn Prof. Frankl schier begeistert hätte? 2014 ist im Ecowin Verlag ein Buch unter dem Titel *Ein ziemlich gutes Leben* erschienen. Autor ist Georg Fraberger, und es ist bereits sein zweites Buch. Georg Fraberger ist ein tüchtiger und beliebter Psychologe am Allgemeinen Krankenhaus in Wien, der Tag für Tag Menschen hilft, mit schweren Krankheiten und den daraus resultierenden Schwierigkeiten fertigzuwerden. Er ist ein glücklich verheirateter Familienvater mit zwei Kindern, die an ihm hängen. Ist das alles etwas Besonderes? Normalerweise nicht unbedingt, aber in seinem Falle ist es eine menschliche Leistung ähnlich der Erringung einer Goldmedaille bei einer Olympiade. Georg Fraberger ist ohne Arme und ohne Beine zur Welt gekommen. Er hat nur seinen Rumpf, der auf einem Spezialgestell aufruht, und seinen Kopf. An seiner rechten Schulter hat man ihm eine Armprothese montiert, mithilfe derer er einige Knöpfe auf einem Schaltpult zu bedienen vermag. Wahrscheinlich kann sich niemand auch nur annähernd vorstellen, wie man unter solchen Bedingungen den simplen Alltag meistern kann, geschweige denn ein Studium bewältigen, einen Beruf ausüben, eine Familie gründen und Bücher publizieren kann. Die Fantasie streikt. Doch selbst das bisschen, das man sich vorstellen kann, erfüllt einen zutiefst mit Ehrfurcht. Was ist aber nun Frabergers »Erfolgsrezept«, das er in seinem Buch beschreibt? Da heißt es unter anderem: »Wie viel Körper braucht der Mensch? Ich sage: so viel, dass er noch gut kommunizieren kann. Die Seele macht den Menschen aus, nicht der Körper.« An anderer Stelle steht: »Einmal habe ich in der U-Bahn wegen meines Rollstuhls für einen Stau gesorgt. Da hat einer der Fahrgäste laut gemeckert: ›Unterm Hitler hätte es das nicht gegeben!‹ Das war heftig, aber richtig nahegegangen ist es mir nicht. Wir sollten uns trauen, gütig zu sein. Auch jenen Menschen gegenüber, die uns nicht mögen …«, so Fraberger.

Man sieht, die »Versöhnung« ist seine Ressource, der vollkommene innere Friede. Manche Leute vermuten, es sei noch eine Nuance leichter, sich mit schicksalhaften Einschränkungen als mit menschlichen Grausamkeiten zu versöhnen, deswegen habe ich den Widerling aus der U-Bahn zitiert. Es ist allgemein bekannt, was dieser gemeint hat. Nicht, dass es unter Hitler keine behinderten Menschen gegeben hätte, sondern dass sie euthanasiert worden sind ... Nicht einmal diese bodenlose Unverschämtheit eines Fahrgastes hat Fraberger aus seiner seelischen Balance werfen können – kein Wunder, dass sein Leben (so unfassbar es dünkt) ein »ziemlich gutes« ist. Dazu kann man ihm nur gratulieren!

Noch etwas möchte ich im Zusammenhang mit diesem Zeugen höchster Lebenskunst erwähnen. In einem Zeitungsinterview wurde Georg Fraberger gefragt, ob er Psychologie studiert habe, um sich selbst besser helfen zu können. Da hat er gelacht und geantwortet: »Beim Studium der Psychologie lernt man darüber leider wenig. Nein, ich dachte, ich habe ein Talent für die Psychologie.« Na, ich lache mit ihm. In meinem Psychologiestudium habe ich nicht einmal andeutungsweise etwas über die Linderung seelischer Nöte gehört, außer bei Frankl natürlich. Nur hoffe ich, dies habe sich in den letzten fünfzig Jahren geändert. Wie schade, dass Fraberger nicht mehr Frankls Vorlesungen lauschen kann! Wie sehr würde er sich bestätigt fühlen in seinen großartigen Einstellungen, er, der ein Talent für die Psychologie hat und es zum Wohle seiner Mitmenschen einsetzt.

Wechseln wir hinüber zu Frankls Menschenbild. »Die Seele macht den Menschen aus«, hat Fraberger geschrieben. Die Seele … ja, wie sollte er auch zwischen der psychischen und der geistigen Dimension unterscheiden, wenn er nie davon gehört hat? Wie sollte ihm klar sein, dass der Seelenbegriff zwar beide Dimensionen abdeckt, aber nicht selbiges definiert? Ich übersetze einfach, was er hat ausdrücken wollen: »Die geistige Person macht den Menschen aus.« Die unversehrte geistige Person, egal in welchem Körper sie steckt.

Es ist schon eine geniale philosophische Novität, die Frankl mit seiner Trilogie in der Dimensionalontologie (Lehre von den drei Dimensionen menschlichen Seins) gelungen ist, insbesondere dank der Zusammenziehung der psychischen mit der körperlichen Dimension zum psychophysischen Organismus, zum *organon*, dem »Werkzeug« der geistigen Person, die diesen ihren Organismus trägt und bildet und zur Mitgestaltung der Welt verwendet, denn nur auf diese Weise gliedert sich das spezifisch Humane aus, verdeutlicht sich dasjenige, was laut Fraberger eben »den Menschen ausmacht«.

Alle Lebewesen der Natur sind ausgestattet mit Kräften, um zwei wesentliche Aufgaben zu erfüllen: 1. das eigene Überleben zu sichern (was oft schwer genug ist) und 2. das Leben fortzupflanzen. Dafür benötigen sie ihre körperlichen und ihre graduell mehr oder weniger entwickelten psychischen Kräfte. Ein Wesen wie der Mensch jedoch, das Anteil an einer geistigen Dimension hat, verfügt auch über zusätzliche geistige Kräfte, und wer die Frankl'sche Logotherapie kennt, weiß, dass damit nicht der reine Intellekt gemeint ist. Wo der Geist weht, ist Freiheit, Verantwortung, Schöpfungskraft, ist Selbstdistanzierung und Selbsttranszendenz, ist Wille zum Sinn, Suche nach Werten und Sehnsucht nach Gott. Diese geistigen Kräfte gestatten uns Menschen über die biologische Ebene hinaus noch ein Überleben und eine Fortpflanzung ganz anderer Art; und damit pirschen wir uns allmählich an unser Thema heran.

Denn wir und nur wir Menschen müssen überleben im schmerzlichen Bewusstsein und angesichts der unverständlichen Ungerechtigkeiten und Wahnsinnstaten ringsum, der chaotischen Zustände, die wir in uns und außerhalb von uns vorfinden, angesichts der Vergänglichkeit unserer eigenen Bemühungen, die mit uns ins Grab sinken, angesichts der Harlekinaden des Zufalls und eines unberechenbaren Schicksals, das unsere schönsten Absichten und Pläne in Sekunden zu durchkreuzen vermag. Kurzum, wir müssen ständig um ein »Trotzdem-ja-zum-Leben-Sagen«, um eine Daseinsbejahung ringen, die sämtlichen Bedingungen standhält, ansonsten ist unser Geistesleben gefährdet. Ohne die Fähigkeit zur Selbstdistanzierung, die es uns gestattet, von jeglichem Elend ein wenig abzurücken und mitten in den Ungewissheiten und Bedrängnissen noch sinnvoll zu handeln und Werte hochzuhalten, wären wir früher oder später der Resignation preisgegeben. Frankl hat uns gezeigt, dass es sogar im Konzentrationslager möglich war, sich geistig vom ungeheuren Grauen jenes Ortes zu distanzieren, indem er innerlich mit seiner geliebten Frau Zwiesprache hielt oder sich vorstellte, in einem warmen Hörsaal am Rednerpult zu stehen und zu dozieren. Analog können wir auch von unseren inneren Impulsen ein wenig abrücken, wenn es denn sein muss, von Hass, Wut, Verzweiflung oder dem Trieb zur Vergeltung, der nur Leiden vermehrt.

Des Weiteren ist es uns und nur uns Menschen gegeben, uns auch fortzupflanzen durch unsere Werke, Erfindungen, kulturellen Errungenschaften, erkannten Weisheiten, durch unser Wirken in der Welt. Wer heute andächtig einer Mozart- oder Beethoven-Symphonie lauscht, genießt das geistige Erbe eines Komponisten, der längst nicht mehr auf Erden weilt, uns aber immer noch mit seinen Melodien beschenkt. Es ist unsere Fähigkeit zur Selbsttranszendenz, zur Selbstüberschreitung, die uns instand setzt und drängt, nicht bloß ein Genmaterial, sondern darüber hinaus ein geistiges Vermächtnis für die nächsten Generationen bereitzustellen. Sogar im Konzentrationslager hat es Frankl gedrängt, sein verloren gegangenes Buchmanuskript zu rekonstruieren – für die Nachwelt. Abgesehen davon, dass er sich seelenärztlich um seine Mithäftlinge gekümmert und ihnen Mut zum Durchhalten zugesprochen hat, das heißt seine eigenen Kraftreserven mit ihnen geteilt und an sie ausgeteilt hat.

Es ist schon so, dass die Versöhnung, womit auch immer, für das menschliche Heilbleiben und geistige Überleben absolut notwendig ist, sie, die selber ein »Geisteskind« ist, der Fähigkeit zur Selbstdistanzierung entsprungen. Ebenso wie der Friede mit sich und anderen das kostbarste ethische Gut ist, das es gilt, zu erlangen und an unsere Nachfahren weiterzuvermitteln, und sei es nur als unveräußerbare Vision am Horizont, wobei auch der Friede ein wahres »Geisteskind« ist, der Fähigkeit zur Selbsttranszendenz entstammend. Im Übrigen nützen ohne den Frieden weder Überlebens- noch Fortpflanzungstendenzen etwas, weil die Aggression alles auslöscht. Wie schrieb doch Bert Brecht so treffend? »Das große Karthago führte drei Kriege. Nach dem ersten war es noch mächtig, nach dem zweiten noch bewohnbar, nach dem dritten unauffindbar.« Die letzte Alternative zum Frieden ist – Unauffindbarkeit.

Schauen wir uns jetzt die Versöhnlichkeit als Überlebensstrategie in ihren wichtigsten Konsequenzen an. Man wird mir zustimmen, dass das Leben kompliziert ist. Dass wir ständig gefordert sind, Entscheidungen zu fällen, tunlichst richtige Entscheidungen. Dass wir »funktionieren« sollen, und zwar in der Vielschichtigkeit unserer Rollen und Aktivitätsbereiche. Jemand ist Projektleiter, Kollege, Untergebener, Vater, Ehemann, Autofahrer, Nachbar, Gartenbesitzer und noch einiges mehr. Er will allem gerecht werden, und sogar in der Freizeit dreht sich das Rädchen noch in seinem Kopf; »abschalten« ist leichter gesagt als getan.

Für solche vielschichtigen Verpflichtungen brauchen wir eine starke Konzentration und geistige Präsenz. Wir brauchen Geistesgegenwart in ihrem besten Wortsinn, und wiederum ist nicht bloß von purer Intelligenz die Rede. Die Rede ist davon, innerlich ungeteilt anwesend zu sein bei den Personen, Aufgaben und Dingen, die uns gerade beschäftigen. Nun haben mich unzählige Berichte von Ratsuchenden gelehrt, dass es hauptsächlich zwei »Raubtiere« sind, die uns die so dringend benötigte Geistesgegenwart rauben, und zwar der Hader mit der Vergangenheit und die Angst vor der Zukunft. Diese zwei Biester »fressen« – wenn sie nicht daran gehindert werden – derart große Happen unserer geistigen Präsenz weg, dass wir nur noch mit Schmalspurkraft durch die Gegenwart hecheln und dabei das meiste vermasseln – ein erneuter Grund für Hader mit der soeben wieder vermasselten Vergangenheit!

Hier ein paar charakteristische Aussprüche meiner ehemaligen Patienten: »Immer noch sehe ich das höhnische Grinsen meiner Schwester vor mir, als sie mich beim Anwalt über den Tisch zog und um mein Erbe prellte. Ständig muss ich daran denken: Wenn das unsere toten Eltern wüssten!« Ein anderer Ausspruch: »In jeder Firma wurde ich herumkommandiert, unterbezahlt, zu Überstunden verdonnert. Und jetzt, da ich mit meiner Gesundheit am Ende bin und nicht mehr weiterweiß, schert sich keiner um mich!« Eine dritte Variante: »Ich wollte doch nie viel vom Leben, nur ein bisschen Vergnügen und Spaß, aber das war mir nicht vergönnt. Anderen fällt alles in den Schoß – und wo bleibe ich? Ich grüble und grüble, was ich falsch gemacht habe, und finde nichts.«

Der Hader mit der Vergangenheit ist bei den drei genannten Personen unüberhörbar, aber man beachte deren Gegenwart: »Ich muss ständig daran denken … Ich weiß nicht mehr weiter … Ich grüble und grüble …« Sieht das nach konstruktiven Lösungsmustern aus? Nach einer endgültigen Bereinigung der Divergenzen mit der Schwester, nach praktikablen Unternehmungen zur Rückgewinnung der Gesundheit, nach einer Ausschöpfung vorhandener Chancen? Das alles hat das »Raubtier Unversöhntheit« hinweggefressen!

Hier ein paar weitere charakteristische Aussprüche meiner ehemaligen Patienten, diesmal nicht rückwärts-, sondern vorwärtsgewandt: »Den ganzen Tag bedrückt mich die Sorge, ob mein Geschäft wirtschaftlich über die Runden kommen wird. Nachts wälze ich mich schweißgebadet im Bett hin und her. Ich habe keine Ahnung, wie ich die Schande einer Insolvenz überstehen würde.« Ein anderer Ausspruch: »Ich ängstige mich um meine Tochter. Ihr Mann hat schlechten Umgang, treibt sich in Kneipen herum, hilft ihr weder im Haushalt noch mit den Kindern. Wenn sie mich anruft, befürchte ich stets eine Katastrophe und weine gleich los.« Eine dritte Variante: »Das Herz klopft mir bis zum Halse. Ich muss mich einer strengen Prüfung über die neuen EU-Bestimmungen unterziehen, aber das packe ich nicht. Ich schlucke Beruhigungspillen und werde trotzdem immer nervöser.«

Die Angst vor der Zukunft ist bei den drei genannten Personen unüberhörbar, aber man beachte wiederum deren Gegenwart: »Ich wälze mich im Bett hin und her ... Ich weine gleich los ... Ich schlucke Beruhigungspillen ...« All das sieht auch nicht nach konstruktiven Lösungsmustern aus. Nach einer vernünftigen Finanzkalkulation, einem liebevollen Notfallplan für die Tochter oder einem Interesse an zeitgemäßer Weiterbildung. Erneut hat ein »Raubtier« ordentlich zugelangt, bei genauer Betrachtung sogar dasselbe »Raubtier«. Denn auch bei der Angst vor der Zukunft spielt die Unversöhntheit eine gewichtige Rolle. Man will sich mit Unannehmlichkeiten, die eventuell auf einen zukommen könnten, schon im Voraus nicht versöhnen. Nicht versöhnen mit einer potentiellen Schließung des eigenen Ladens, einem Scheitern der Ehe der Tochter oder mit der Wiederholung einer misslungenen Prüfung.

Das Fazit der Geschichte lautet: Unversöhnte Menschen haben ein Aufmerksamkeitsdefizit sondergleichen. Hader und Angst werfen sie aus den Gefilden der Gegenwart hinaus. Sie stehen dermaßen im Banne echter oder erwarteter Schrecknisse, dass sie das sinnvolle Handeln im Hier und Jetzt verpassen – mit sämtlichen unseligen Folgen des Widersinns. Das ist wirklich tragisch, weil sich niemals mehr nachzuholende Versäumnisse anhäufen und zusammenballen.

Die Gegenwart ist anders als die Vergangenheit oder die Zukunft, als deren Mitte sie oft eingestuft wird. Sie hebt sich vom Zeitkontinuum ab, sie ist überhaupt kein Zeitraum von irgendeiner messbaren Länge, sondern ein Verfügungsraum, und zwar der einzige Verfügungsraum, den wir Menschen besitzen, ein Leben lang. Sosehr es demnach gilt, versöhnlich zurück- und vorauszuschauen, um sich voll auf die Gegenwart konzentrieren zu können, so sehr gilt es, in der Gegenwart Umstände zu schaffen, die Versöhnung am besten gar nicht nötig machen. An den vorfindlichen Umständen zu drehen, zu feilen, sie vertretbar mitzuformen, das ist unsere Aufgabe, dafür öffnet sich der Verfügungsraum Stunde für Stunde neu einen Spaltbreit zwischen den wuchtigen Blöcken dessen, was gewesen ist, und dessen, was sein wird.

Ein weiser Spruch besagt, man könne dem Leben nicht mehr Tage, aber den Tagen mehr Leben geben. Wie geht das: den Tagen mehr Leben geben? Das gelingt nur über die bewusste Ausgestaltung eines jeden Tages ohne Groll über gestern oder Zittern vor morgen. Von Ausnahmesituationen abgesehen kann jeder Tag angereichert werden mit einer bunten Mischung aus Arbeit und Ruhe, Ernst und Fröhlichkeit, Stille und Kontakten, mit dem Absolvieren des Notwendigen plus dem kleinen Highlight dazwischen, das man sich gönnt. Aber selbst in Ausnahmesituationen, die im Allgemeinen eher ernst als fröhlich sind, ist Wachheit wichtig, geistige Wachheit, um sich mittels rechten Einstellungen zu den vorliegenden Gegebenheiten Nischen an Freiheit und Würde zu bewahren. Der französische Philosoph Michel Eyquem de Montaigne soll einmal eingestanden haben: »Mein Leben war voll fürchterlichem Unglück, das meistens gar nicht passiert ist« – das zum Beispiel klingt nicht nach Tagen voller Leben und Lebendigkeit. Durch seine Ängste vor einer dräuenden Zukunft sind ihm wohl mancherlei Verfehlungen der Gegenwart in die Vergangenheit hineingerutscht und haben diese trotz nicht vorhandener Unglücke mit Unglücklichsein gefüllt.

Zum »Unglücklichsein« möchte ich einen original logotherapeutischen Gedankenfaden anknüpfen. Ich bin vor Kurzem mit einem erfahrenen Arzt ins Gespräch gekommen. Als ich erwähnte, wie schade es sei, dass derzeit kaum mehr korrekt zwischen den verschiedenen Depressionskrankheiten differenziert werde, wie es uns Herr Prof. Frankl noch gelehrt hat, meinte der Arzt, bei seinen depressiven Patienten handle es sich in rund achtzig Prozent sowieso um Erschöpfungsdepressionen. Diese Aussage hat mich eine Weile irritiert, denn in der Frankl'schen Fachliteratur ist die Diagnose »Erschöpfungsdepression« gar nicht *expressis verbis* aufgelistet. Schließlich fand ich den Grund dafür, und nicht nur das, ich fand auch heraus, warum Frankl die Störung, die man heute als »Erschöpfungsdepression« klassifiziert, eher unter den Neurosen subsumiert hätte. Insider kennen den logotherapeutischen Kernsatz (auch das »Frankl'sche Dreieck« genannt): »Wer einen Sinn im Leben anstrebt, wird einerseits glücklich und andererseits leidensfähig.«

Das heißt: Sinnintentionen erhöhen nachweislich die Wahrscheinlichkeit für unangestrebte Gratifikationszuwächse der Art, dass sich Freude, gutes Gelingen, positives Feedback und Selbstbewusstsein mehren. Sinnintentionen stärken ebenso nachweislich die Immunität des Organismus und intensivieren die Frustrationstoleranz derart, dass man Misserfolge wegsteckt, Durchhaltevermögen aufstockt und Hindernisse mit Bravour überspringt. Der Seelenarzt Frankl hat anhand dieses seines exzellenten Kernsatzes gezeigt, dass eine Reduktion der Sinnstrebigkeit zugunsten einer Luststrebigkeit bzw. eines direkten Hinlangens nach Glück und Eigenvorteilen just diese blockiert, Gratifikationen verlieren lässt und in neurotische Prozesse hineintreibt. Je weniger Lust jemand erhascht, desto mehr begibt er sich logischerweise auf die Flucht vor Unlust, eine Hauptwurzel neurotischer Dramaturgie.

Aber kehren wir zu den Erschöpfungsdepressionen zurück. Ich drehe jetzt den Kernsatz »Wer einen Sinn im Leben anstrebt, wird einerseits glücklich und andererseits leidensfähig« um. Das steht zwar so nicht in Frankls Texten, aber es ist legitim, genauso gut zu formulieren: »Wer keinen Sinn im Leben anstrebt (bzw. den Sinn aus den Augen verloren hat), wird einerseits unglücklich und verliert andererseits an Leidensfähigkeit.«

Man beachte: Die fehlende oder zu schwache Sinnorientierung zieht zwei Konsequenzen nach sich: 1.: »man wird einerseits unglücklich« und 2.: »man verliert andererseits an Kraft und Fähigkeiten«. Und auch das Phänomen der Erschöpfungsdepression besteht aus zwei Ästen: 1.: der »Depression« (dem einerseits Unglücklich-Sein) und 2.: der »Erschöpfung« (dem andererseits Verlieren an Kraft und Fähigkeiten). Da behaupte jemand, Frankl habe sich mit den Erschöpfungsdepressionen nicht befasst! In seinem Kernsatz sind sie nicht nur implizit angesprochen, ihre Genese ist gleich mitgeliefert. Ein Sinnvakuum macht depressiv (man kann auch »unglücklich« sagen) und erschöpft (man kann auch »kraftlos« sagen).

Die Schlussfolgerung daraus für die Behandlung der Erschöpfungsdepressionen, die heute dermaßen grassieren, ist schwerwiegend. Sie legt nämlich nahe, dass die verkürzte Krise, jemand habe sich zu viel abgerackert, sei unter zu viel Stress geraten und habe sich deswegen eine Erschöpfungsdepression zugezogen, falsch ist. Sie legt nahe, dass eine Therapie, die nur aus Entspannung und Stressminderung besteht, nicht greift. Die Sinnproblematik steht am Anfang der Erschöpfungsdepression! Vielleicht hat jemand zu viel oder zu wenig gearbeitet, aber jedenfalls nicht in sinnvollem Maße. Oder nicht sinnvollen Inhalts. Hat wenig Sinn in seinem Tun gesehen oder sich gar sinnwidrig aufgeopfert. Hat sich in nicht sinnvoller Weise überanstrengt oder nicht für Sinnvolles angestrengt. Sein »Wille zum Sinn« ging zunehmend leer aus, und das hat sich physisch und psychisch negativ ausgewirkt. Entspannung und Stressminderung sind da nicht genug; es bedarf schon Heilungsansätze, die sich in geistige Höhen wagen und die Rückgewinnung sinnvoller Lebensperspektiven ankurbeln, wie es die Logotherapie tut.

Was hat mein Mini-Exkurs über eine verbreitete Depressionsart mit Überlegungen zu Frieden und Versöhnung zu tun? Ich habe mich auf kein Nebengleis verirrt. Menschen, die sich mit einem schmerzlichen Trauma nicht aussöhnen, und ebenso Menschen, die sich in den Klauen eines furchtbaren Hasses verheddert haben, vermögen nicht einen gegenwärtigen Sinn mit ganzem Herzen anzustreben. Es ist schlichtweg unmöglich, sich mit Engagement einer guten Sache zu widmen und gleichzeitig mit einer anderen Sache zornentbrannt beschäftigt zu sein. Das »Herz« des verbitterten, nachtragenden Menschen ist okkupiert, für die zarten Berührungen mit dem Logos ist darin kaum Platz. Also, was haben wir bei Frankl gelernt? Diese Menschen werden 1. unglücklich und 2. geschwächt. Ihre Affektlage und ihre Immunlage verschlechtern sich. Was passiert? Sie schreiben ihr Unglücklichsein und ihre Schwäche dem Trauma zu, das sie belastet, oder dem Feind zu, den sie hassen; und dies stachelt ihre Unversöhnlichkeit erst recht an. Ihr »Herz« blutet immer mehr … Das posttraumatische Psychosyndrom schlägt voll zu, sie brennen in flammendem Zorn aus, sie versinken in einer chronischen Erschöpfungsdepression mehr noogener (d.h. geistiger) als psychogener Art.

Ich habe genügend Patienten in solchen Stadien erlebt. Es ist kaum möglich, sie argumentativ zu erreichen, weil sie seelisch wie erstarrt sind. Eine Frau hatte als Kind von ihrer Mutter so böse Schläge auf den Kopf bekommen, dass sie ins Krankenhaus musste. Die Misshandlung war nie aufgeflogen. Sie zürnte der Mutter ein Leben lang. Dass sie seit 25 Jahren wohlauf war, dass die alleinstehende Mutter ihr eine Dolmetscherausbildung inklusive teurer Auslandsaufenthalte finanziert hatte, zählte nicht. Als ich die Möglichkeit einer versöhnlichen Aussprache mit der Mutter anschnitt, platzte sie heraus: »Niemals!« Als ich fragte, ob sie in Freundschaftsbeziehungen eingebunden sei, wehrte sie strikt ab. Sie brauche niemanden. Ob sie an irgendetwas Freude habe? Sie blieb die Antwort schuldig. Der Tenor war Gespräch für Gespräch derselbe: Die Misshandlung habe sie ein für alle Mal zerstört. Was sie suchte, war eine Bestätigung ihres unverrückbaren Opferdaseins, die ich ihr nicht erteilen konnte und durfte.

Mehr Erfolg hatte ich bei einem Mann, der einem Betrüger in die Hände gefallen war. Er hatte seinen gesamten Besitz eingebüßt, was zum Bruch seiner Ehe geführt hatte, und befand sich nach einem gescheiterten Selbstmordversuch auf Reha-Kur. Für seine Zukunft sah er nur schwarz. Es dauerte Wochen, bis er von etwas anderem als jenem Betrüger sprechen konnte, dem er aufgesessen war. Immerhin gelang es mir, ihn zu einer winzigen Initiative zu motivieren. Bei der Suche nach Wertbezügen war mir aufgefallen, dass der Mann beste Erinnerungen an seine Schulzeit hatte. Besonders mit einem ehemaligen Schulfreund verband ihn sehr viel. Schließlich erklärte er sich bereit, mit diesem wieder Kontakt aufzunehmen, woraufhin ihm der Schulfreund anbot, in dessen Imbissstube auszuhelfen. Dort lockerte sich die seelische Kruste des Mannes allmählich. Er konnte mit den Gästen gut umgehen und hörte sogar mancherlei Kummer. Er merkte, dass er mit seinem Leiden nicht allein dastand. In dem Maße, in dem er wieder Anteil nahm an fremden Schicksalen, gelang es ihm, sein eigenes zu akzeptieren und den Betrüger sukzessive aus seinem Leben zu verabschieden.

Schon Sokrates hat geschrieben: »Konzentriere nicht deine ganze Energie auf das Bekämpfen des Alten, sondern darauf, das Neue zu formen.« Wie beeindruckend hat doch Herr Prof. Frankl dieses altgriechische Motto nach seiner Befreiung umgesetzt. Wie viel Neues gelang ihm nach dem Krieg in kürzester Zeit! Beruf, Frau, Tochter, Bücher, ein Zweitdoktorat, Vorträge, Reisen, eine Professur … und so ging es fort. Er lebte das Gegenteil von jener Starre, die sich unversöhnter Menschen langfristig bemächtigt. Wir wissen, dass es in jeder Hinsicht für die Gesundheit wichtig ist, flexibel zu bleiben. Auf körperlicher Ebene hat man z. B. in einer modernen Studie herausgefunden, dass das Dauer-Starren auf Smartphones (von angeblich 700 bis 1400 Stunden jährlich) an der Halswirbelsäule erhebliche Schäden verursacht, weil der Kopf dabei um etwa sechzig Grad gebeugt ist, was seinen Gewichtsdruck auf den Hals verstärkt. Analog ist auf seelischer Ebene ein Dauer-Starren auf tragische Ereignisse oder zwischenmenschliche Fehden kontraproduktiv, wie erläutert. Der Terminus »Starrsinn« umschreibt perfekt das Gegenteil von dem, was Frankl uns vorexerziert hat mit seinem sinnbewegten Leben in Fülle. In der Starre gefriert jeglicher Sinn bereits im Ansatz.

Ich habe bisher die Folgen von Unversöhntheit und Unfrieden für den Einzelnen herausgestrichen und könnte damit noch lange fortfahren. Latente Dauerwut trägt in sich die ständige Gefahr einer Explosion im unpassenden Moment, was entsprechend soziale Komplikationen schürt, oder einer Implosion aus Minimalanlass, siehe die Autoaggression des vorhin zitierten Mannes. Sie macht erschöpft, depressiv, starr. Aber Unversöhnlichkeit ist in den meisten Fällen eine Angelegenheit zwischen mehreren Beteiligten. Und wenn heutzutage die Angst vor einer weltweiten Klimaerwärmung umgeht, so kann ich nur sagen: vielleicht ist die Angst vor einer Klimaaufheizung zwischen den Völkern noch aktueller. Deswegen möchte ich darlegen, welche Frieden stiftenden Ideen die Logotherapie vorzuweisen hat.

Zunächst dies: Versöhnung heißt nicht Vergessen. Habe ich etwas vergessen, brauche ich mich damit nicht mehr zu versöhnen. Vergeben heißt auch nicht verharmlosen. Etwas Harmloses brauche ich überhaupt nicht zu vergeben. Für den inneren Frieden ist es unabdingbar, die tristen Fakten offen vor sich liegen zu haben und aussprechen zu können. Auch Herr Prof. Frankl hat seine KZ-Erlebnisse nie verschwiegen, sondern sie im Gegenteil in seinen Veröffentlichungen sogar durch die wissenschaftliche Lupe betrachtet. Worum es geht, ist, sich zu distanzieren von dem, was andere zu verantworten haben oder was das Schicksal unabwendbar über einen gefügt hat. Worum es geht, ist, das eigene ethische, kulturelle, geistige Niveau zu halten und weder auf die Stufe eines Aggressors abzusacken noch sich ein »Rechten mit dem Himmel« anzumaßen, um es etwas pathetisch auszudrücken.

Mit welcher Hochachtung hat Frankl doch betont, dass der Mensch nicht nur der Erfinder der Gaskammern, sondern auch das Wesen ist, das in die Gaskammern gegangen ist: aufrecht und ein Gebet auf den Lippen. Die Folterknechte waren es, die das menschliche Niveau verließen, wohingegen die Häftlinge noch unter den entsetzlichsten Bedingungen die Fackel des Menschlichen zum Aufleuchten brachten. Freilich könnte jemand einwenden, davon hätten sie nichts gehabt, aber das Haben ist – zünftig philosophisch gesprochen – nicht das Eigentliche. Das Sein macht die Qualität unserer Identität aus. Nur das Sein, auch das So-gewesen-Sein, schreibt die Geschichte über uns bis in alle Ewigkeit in die Wahrheit hinein.

Der Aspekt des Niveau-Haltens ist in der Frankl'schen Konzeption der Einstellungswerte, also der wertorientierten Einstellung zu unabänderlichen Leidenszuständen, ergreifend herausgearbeitet. »Auf das Tragen kommt es an – darauf, wie man das Schicksal trägt ...«, hat Frankl beteuert. Da ich in meiner Praxis viel mit zwischenmenschlichen Leiden, sprich Streitigkeiten und Feindseligkeiten zu tun hatte, war es mir ein Anliegen, diesen Aspekt dahingehend zu erweitern. Wenn eine Person A eine Person B attackiert, ist das für die Person B zunächst auch nicht änderbar. Sie wird angegriffen, gedemütigt, gekränkt, verleumdet, ins Lächerliche gezogen, etc. Zumindest glaubt sie das und empfindet es so. Es kann eine Kleinigkeit sein, ein Missverständnis, ein ungeschicktes Wort von A, eine impulsive Handlung ohne Absicht, zu schaden, aber B ist indigniert. Und dann? Dann ist die Person B verleitet, zurückzuattackieren, also die Person A zu verletzen. Und dann? Dann holt die Person A entrüstet zum Gegenhieb gegen B aus. Und dann? Dann schlägt B noch brutaler zurück. Es ist nur eine Frage der Zeit, bis einer oder beide zusammenklappen. Sämtliche Konflikte zwischen Menschen und Menschengruppen gründen in einer derartigen Eskalationsspirale. Das Fatale dabei ist, dass jede Seite die Schuld bei der anderen Seite lokalisiert. Aber für eigenes Handeln kann man niemanden außer sich selbst verantwortlich machen.

Schon höre ich die Befürworter der Selbstverteidigung rufen: »Wir müssen uns doch wehren!

Wir dürfen nicht alles mit uns machen lassen!« Ja. Ein Ja – mit Fragezeichen. Selbstverteidigung kann den Stillstand von Kampfhandlungen erzwingen. Aber kann sie Frieden erzeugen? Ich wüsste nicht, wann und wo das in der Menschheitsgeschichte der Fall gewesen wäre. Es ist auch in den Familiengeschichten nicht der Fall. Ein besiegter Feind ist noch lange kein Freund! Die Beendigung eines Streites mittels Macht und Stärke überzeugt den Gegner nicht, sondern verlagert dessen inneres Grollen in den Untergrund, von wo es bei der ersten sich bietenden Gelegenheit wieder hervortönt. Pax und Logos sind Geschwister. Und so wie man einen Sinn nicht mit sinnwidrigen Mitteln verwirklichen kann, genauso kann man Frieden nicht mit Gewalt erreichen, selbst dann nicht, wenn diese Gewalt irgendwie gerechtfertigt erscheint. Schon bei William Shakespeare steht geschrieben: »Heizt nicht den Ofen eurem Feind so glühend, dass er euch selbst versengt!« Eine passende Metapher. Unzählige Paare habe ich bei solchen selbst gebastelten »Öfen« sitzen gesehen, beidseitig einheizend, beidseitig versengt.

Was ist also unserer Person B, die sich zu Recht (ggf. auch zu Unrecht) angegriffen fühlt, zu raten? In logotherapeutischer Diktion: Niveau zu halten. Auf sie, auf ihr »Tragen« (Frankl) kommt es an. Sie hat es in der Hand, ein sich anbahnendes Hickhack im Keim zu ersticken. Sie kann noch abstoppen, was beginnt, sich als gemeinsame Endlosqual zu perpetuieren. Freilich gehört dazu Mut und Zivilcourage. Es ist ungemein schwer, auf einen Gegner zuzugehen und mit ihm ruhig und sachlich zu diskutieren. Seine Anliegen nachzuvollziehen und Kompromisse zu entwickeln. Oder ihn notfalls zu meiden, ohne ihn zu verteufeln. Es ist knapp am Rande des Menschenmöglichen und wahrscheinlich in manchem politischen Kontext fast undenkbar, und dennoch ist es die einzige Friedenschance, die es gibt. Dabei mag der Gedanke besänftigen, dass wir alle nicht ohne Schuld sind. Dass auch uns Fehler unterlaufen sind, und nicht zu selten. Dass wir, befänden wir uns an der Stelle unseres Feindes, wären wir in exakt dessen Lage, am Ende nicht viel anders handeln würden als er. Ist uns denn Menschliches fremd? O nein. »Jedes Volk ist im Prinzip holocaustfähig«, hat Frankl kühn behauptet. Wenn also A versagt, stolpert, unter sein Niveau fällt, braucht es ihm B weder gleichzutun, noch muss er A verdammen. Er könnte auch A bedauern. Er könnte sich daran erinnern, dass er das Stolpern kennt. Er könnte sich bemühen, A aufzuhelfen. Wer selbst Niveau hält, kann am ehesten einen anderen zu sich aufs Niveau emporziehen.

Ich möchte ein einfaches Beispiel einblenden, das sich kurz schildern lässt. Eine Dame saß bei mir in München und schimpfte über ihren Vater, der in Graz wohnte und den sie ein- bis zweimal im Jahr aufsuchte. Er war ein einsamer alter Rentner und verbrachte seine Tage hauptsächlich mit Fernsehen. Kam sie bei einem ihrer seltenen Besuche zur Türe herein, hockte er gewöhnlich in seinem Lehnstuhl vor dem Bildschirm und empfing sie mit der Aufforderung, leise zu sein, weil er dem laufenden Film folgen wollte. Zutiefst erbost, dass ihm die Story wichtiger war als seine Tochter, machte sie kehrt und verließ ihn wieder, die Türe hinter sich zuknallend. Zorngebeutelt fuhr sie nach München zurück, wo sie eine Telefonnachricht ihres Vaters vorfand, der sich ebenfalls erbost über ihre schlechten Manieren beklagte. Den Anruf beantwortete unsere »Person B« mit eisigem Schweigen, und so trübte sich das Verhältnis zwischen den beiden zunehmend ein. Im Beratungsgespräch erklärte ich der Frau, dass sie zwar ihren Vater nicht ändern könne, dass sie aber frei sei, über ihr eigenes Tun zu entscheiden. Dass es ganz allein ihre Wahl sei, wie sie dem fernsehfixierten Vater begegne. Gewiss, sie konnte ihn hassen, ihn strafen, sie konnte ihm aber auch generös einen kleinen Vorschuss an Kindesliebe gewähren … das lag einzig und allein bei ihr. Es lag überdies an der Frage, wer sie selbst sein wollte: Ein gehässiger Mensch? Ein gütiger Mensch? Ich erläuterte ihr den markanten Satz Frankls, wonach jede Tat ihr eigenes Denkmal ist. Sie wurde sehr nachdenklich und entschloss sich alsbald, eine neue Wahl zu treffen.

Als sie das nächste Mal bei mir erschien, war sie tatsächlich über ihren Schatten gesprungen. In Graz angekommen, war sie zur Türe ihres Vaters hineinmarschiert, hatte ihm einen Begrüßungskuss auf die Stirne gedrückt und sich still neben ihn vor den Fernseher gesetzt. Ein Wunder geschah. Der Vater hatte sich erstaunt ihr zugewandt und ausgerufen »Wie schön, Kind, dass du da bist!«, hatte den Ton des Fernsehers abgeschaltet und sich gefreut. Ja, solche Wunder geschehen, wo Pax und Logos Arm in Arm miteinander über die Erde wandeln … bzw. wo Menschen sich als agierende und nicht bloß als reagierende Wesen verstehen.

Zweifellos hätte es in diesem Fall mehrere Varianten der Konfliktbeilegung gegeben, z. B. eine ehrliche, aber freundliche Rückmeldung der Tochter an den Vater, dass ihr seine scheinbare Gleichgültigkeit wehtat (in der Fachsprache »Ich-Botschaft« genannt), und Ähnliches, doch die zärtliche Vorleistung, die sie gewählt hatte, gefiel mir besonders gut. Nicht dass positive Vorleistungen zwangsläufig Kontrahenten umstimmen würden, aber sie haben schon eine enorme Ausstrahlung, die nur extrem verhärtete Personen kaltlässt. Im Übrigen kann selbstverständlich auch die Person A jederzeit eine neue Wahl treffen. Wäre etwa der alte Herr aus Graz wegen seines Kummers bei mir gewesen, hätte ich ihm wahrscheinlich empfohlen, sich bei künftiger töchterlicher Stippvisite in Fernsehabstinenz zu üben und stattdessen ein paar leckere Brötchen für ein gemeinsames Mahl vorzubereiten. Man stelle sich bloß vor, wie das grundsätzlich wäre, wenn in einem grauenhaften Streit, der vielleicht Generationen, ja ganze Völker entzweit hat, plötzlich beide Widersacher eine freiwillige Vorleistung an Entgegenkommen erbrächten, sozusagen »Kuss auf die Stirn« plus »Brötchen am Tisch«. Der Krieg wäre aus. Sofort.

Was hat die Psychologie sonst in der Causa anzubieten? In einer Fachzeitschrift habe ich im September 2014 (also nicht etwa im vorigen Jahrhundert!) die Meldung gefunden, dass frustgeplagten Menschen endlich drastisch geholfen werden könne. In Halle an der Saale ist Deutschlands erster Wutraum eröffnet worden, in dem Personen, die sich über jemanden oder über etwas geärgert haben, eine halbe Stunde lang ihre sämtlichen Aggressionen austoben dürfen, indem sie ein bereitgestelltes Mobiliar mit Golfschlägern und Vorschlaghämmern zertrümmern dürfen. Kostenpunkt: 89 €. Das Material wird aus Wohnungsräumungen beschafft; angeblich gibt es Nachschub und Kunden genug. Ich will diesen Unfug nicht kommentieren, längst ist bekannt, dass sich Aggressionen im Zuge eines sogenannten Austobens zusätzlich aufschaukeln; ich will nur bekennen, dass sich meine Sympathie für die Logotherapie um ein Vielfaches potenziert, wenn ich dergleichen lese. Wie unwürdig ist doch eine Therapie auf diesem Niveau! Nein, hinschlagen hilft nicht, nicht im geschützten Wutraum und nicht auf der Bühne der Welt! Was wir heute brauchen, ist mehr denn je das Bewusstsein der eigenen Freiheit und der *gemeinsamen Verantwortung*.

Zum Gemeinsamen noch ein Wort: Positive Vorleistungen werden am ehesten einem erschauten Wert zuliebe erbracht. Man hat vorzügliche Erfahrungen mit in Scheidung befindlichen und einander bekämpfenden Eltern gemacht, sobald man in erster Linie das Wohl ihres gemeinsamen

Kindes in den Mittelpunkt der Beratung gestellt hat. Die elterlichen Differenzen traten zurück vor der großen Aufgabe, das Kind vor Beschwernissen zu behüten. Die Regierungschefs verfeindeter Staaten könnten sich daran ein Beispiel nehmen, indem sie in erster Linie miteinander über das Wohl der in ihren Gebieten lebenden Einwohner kommunizieren würden. Das wäre wahrlich wichtiger als das Anliegen, ihre Machtansprüche zu festigen, ihr »Gesicht zu wahren«, und ähnliche Allüren. Selbst für die Menschheit wäre es ein Rettungsring sondergleichen, sich an gemeinsamen Werten zu orientieren wie der unantastbaren Personenwürde oder dem Erhalt ethisch kultureller Errungenschaften. »Seit Hiroshima wissen wir, was auf dem Spiel steht«, hat Frankl gewarnt.

Fassen wir zusammen: Schuld gehört zum Menschsein dazu, aber die Kraft zur Vergebung und zur Erneuerung auch. Hat jemand etwas Schlimmes oder Ungerechtes erlebt, dann ist das traurig und bleibt traurig. Dennoch muss der Betreffende nicht in Depression erstarren. Er hat das Furchtbare überlebt, und Leben ist ein wundervolles Geschenk. Er hat eine Erfahrung gesammelt, die unter Umständen fruchtbar genutzt werden kann, man denke etwa an die tüchtigen Ex-User in der Drogentherapie. Jedes erschütternde Erlebnis steigert die Erfahrungskompetenz. »Das Leiden macht den Menschen hellsichtig und die Welt durchsichtig«, hat Frankl geschrieben. Außerdem hat niemand nur Schlimmes erlebt, und es wäre zu schade, würde der Betreffende das Erhebende und Erfreuliche, das er auch erlebt hat, verdrängen. Vor allem aber eines: Er kann trotz seines Leids Niveau halten. Der Hass muss sein Herz nicht zerfressen, der Hader mit Gott und dem Schicksal seine Seele nicht zerreißen. Er kann – ich wage es kaum auszusprechen – in der Liebe bleiben. Und das heißt: den Frieden erringen, für sich und für all diejenigen, die sich von ihm inspirieren lassen. Es gibt nämlich auch Deeskalationsspiralen, und niemand ist geeigneter, sie in Gang zu setzen, als einer, der gelitten hat und eben weiß, was auf dem Spiel steht, wie unser verehrter Herr Prof. Frankl.

Ich möchte schließen mit einem Motto, unter dem in Wien eine heeresgeschichtliche Ausstellung zum Ausbruchs des Weltkrieges vor 100 Jahren stattgefunden hat. Es lautet: »Der Krieg gehört ins Museum«. Es ist ein Motto, das mich entzückt. Ja, da sollen sie liegen, die unzähligen Kriege der Vergangenheit, die privaten Kriege in den Wohnzimmern, Schlafzimmern, Arbeitsräumen der Menschen, die militärischen Kriege in verwüsteten Städten und Fluren, da können wir sie beweinen und Lehren aus ihnen ziehen. Aber sie sollen aus der Gegenwart, dem einzigen Verfügungsraum, den jeder von uns besitzt, verbannt bleiben, denn das Museum ist ihrer voll genug. Und wir wissen: Auf jeden von uns kommt es an. Drum leihe ich mir ein Schlusswort aus der heiligen Messe: »Gehet hin in Frieden!«

EDITORISCHE NOTIZ

Im März 2022, nur wenige Tage nach Kriegsbeginn, schickte Elisabeth Lukas mir drei Friedenstexte von Viktor Frankl mit der Erlaubnis, diese zu veröffentlichen; Franz Vesely, der Nachlassverwalter Viktor Frankls, hatte dem bereits zugestimmt. Die zwischen 1946 und 1969 verfassten Texte waren bis dato nicht in Buchform veröffentlicht worden, lediglich »Frieden unter uns« ist 1946 bereits als Beitrag in der Monatszeitschrift *Der Turm* erschienen. Im Lektorat des Benevento Verlags entstand daraufhin rasch die Idee, die Texte in Form eines eigenständigen »Friedensappells« innerhalb der neu konzipierten Viktor-Frankl-Reihe zu publizieren. Anliegen dieser Reihe ist es, vergriffene und auch nicht veröffentlichte Texte und Bücher Frankls den Leserinnen und Lesern wieder zugänglich zu machen, und zwar in einer bibliophilen, schön gestalteten Ausgabe. Da das Thema Frieden bei Viktor Frankl untrennbar mit der Idee von der *einen* Menschheit (Monanthropismus) verknüpft ist, wurden die drei Friedenstexte um drei weitere Texte ergänzt. Diese drei, allesamt Reden, zählen zu den bekanntesten Texten, die Frankl verfasst hat. Sie erweitern das Appellative der Friedenstexte um die erinnernde Auseinandersetzung mit dem

Themenkosmos Gedenken – Schuld – Versöhnung – Vergebung. Die Texte Frankls wurden orthografisch größtenteils nicht angepasst. Die weiteren Autorinnen und Autoren dieses Bandes nähern sich aus ganz unterschiedlichen Blickwinkeln den Friedensappellen und Erinnerungsreden Frankls: Ob gesellschaftspolitisch, psychologisch oder philosophisch, ob essayistisch, assoziativ oder analysierend – allen gemein ist eine ausgewiesene Kenntnis des Frankl'schen Werks und ein enger persönlicher Bezug zum Autor. Abgerundet wird der Band durch einige Foto- und Bilddokumente aus dem direkten (zeitlichen) Umfeld der Texte sowie durch das zu Beginn des Bandes abgedruckte, Leo Baeck zugesprochene Friedensgebet, das Viktor Frankl wohl des Öfteren zitiert hat.

Stefan Mayr, Benevento Verlag

VITA VON VIKTOR E. FRANKL

Dr. med., Dr. phil., Dr. h.c.mult. Viktor E. Frankl (1905–1997) war Professor für Neurologie und Psychiatrie an der Universität Wien sowie Gastprofessor an der Harvard University und an Universitäten in Dallas, Pittsburgh und San Diego. Von 1940 bis 1942 war er Leiter der Neurologischen Station des Rothschild-Spitals und von 1946 bis 1970 Vorstand der Wiener Neurologischen Poliklinik. Die von ihm begründete »Logotherapie und Existenzanalyse« gilt als vorrangig sinnzentrierte Richtung der Psychotherapie. Sie wird auch als die »Dritte Wiener Schule der Psychotherapie« bezeichnet, nach der Psychoanalyse von Sigmund Freud und der Individualpsychologie von Alfred Adler. Frankl wurde zu Vorträgen an über zweihundert Universitäten auf allen Kontinenten eingeladen und erhielt neunundzwanzig Ehrendoktorate. Seine vierzig Bücher sind bisher in mehr als fünfzig Sprachen erschienen. Von seinem Buch *Man's Search for Meaning* sind über sechzehn Millionen Exemplare verkauft worden. Laut Library of Congress (Washington) ist es »one of the ten most influential books in America«. Auf Deutsch ist das Buch unter dem Titel … *trotzdem Ja zum Leben sagen* erschienen. Logotherapie-Institute und Gesellschaften in aller Welt führen Frankls Werk weiter fort.

www.viktorfrankl.org

DIE BEITRÄGERINNEN UND BEITRÄGER

Klaus Haselböck stammt aus Krems in Niederösterreich, hat Germanistik an der Uni Wien studiert und liebt es – genauso wie Viktor Frankl –, durch große Wände zu steigen. Das Thema Berg lebt er auch beruflich: Er war Teil des Gründungsteams der Zeitschrift *Bergwelten* im Red Bull Media House und ist heute Stellvertretender Chefredakteur sowie Autor zu alpinen Themen. Gemeinsam mit seinem Freund und Seilpartner Michael Holzer hat Klaus Haselböck das Buch *Berg und Sinn* als Hommage auf den großen österreichischen Neurologen und Psychiater verfasst, dessen Werk ihm zeitlose Impulse liefert.

Michael Holzer, geb. 1968 in Neunkirchen, war Chefreporter und Autor für mehrere Medien im deutschen Sprachraum, ehe er Kommunikationsberater wurde. Die Logotherapie und Existenzanalyse von Viktor Frankl weckten in ihm schließlich die Faszination für die inneren Quellgebiete menschlichen Verhaltens und menschlicher Kommunikation. Aus der Begeisterung wurde eine berufliche Sinnperspektive: Seit 20 Jahren begleitet Michael Holzer namhafte Unternehmen und Organisationen in kulturellen Transformationsprozessen und in der Teamentwicklung. Als systemischer Coach ist er persönlicher Vertrauter von Menschen mit öffentlich exponierten Positionen in Wirtschaft, Medien und im Sport. Gemeinsam mit Klaus Haselböck schrieb er das Buch *Berg und Sinn*. Darin zeichnen die Autoren die Bergbegeisterung Viktor

Frankls als erlebnis-reichen Tourenbericht seiner Lieblingsrouten nach.

Walter Kohl, geb. 1963, studierte Geschichte und Volkswirtschaft in Harvard und Wien sowie Business Administration bei Insead. Nach Tätigkeiten im Investment Banking in New York arbeitete er mehr als 10 Jahre als Manager in deutschen Großunternehmen. Von 2004 bis 2018 gründete und führte er als Unternehmer gemeinsam mit seiner Frau einen deutsch-koreanischen Zulieferer für die Automobilindustrie. Seit 2011 ist er als Referent, Unternehmensberater und Coach tätig. Er ist Autor mehrerer Bücher, darunter des Bestsellers *Leben oder gelebt werden*.

Elisabeth Lukas, geb. 1942, ist eine der ältesten Schülerinnen von Viktor E. Frankl. Als Klinische Psychologin und approbierte Psychotherapeutin spezialisierte sie sich auf die praktische Anwendung der Logotherapie, die sie methodisch weiterentwickelte. 1986 übernahm sie die fachliche Leitung des Süddeutschen Instituts für Logotherapie in Fürstenfeldbruck, die sie 17 Jahre lang innehatte. Danach war sie als Hochschuldozentin sowie als Lehrtherapeutin und Supervisorin tätig. Ihr Werk wurde u.a. mit der Ehrenmedaille der Santa Clara University und dem großen Preis des Viktor-Frankl-Fonds der Stadt Wien ausgezeichnet, ihre Bücher wurden in 20 Sprachen übersetzt.

Annemarie Moser, Ergotherapeutin und diplomierte Lebens- und Sozialberaterin, ist seit 2005 am Viktor Frankl Zentrum Wien tätig, seit Januar 2022 als dessen Vorsitzende. 2014/15 arbeitete sie an der Konzeption des weltweit ersten Viktor Frankl Museums Wien mit, seit September 2021 Studium des Fachspezifikums Logotherapie und Existenzanalyse an der Donau Universität

Krems & Abile. Annemarie Moser lebt mit ihrer sechsköpfigen Familie in Bad Häring, Tirol.

Birgit Mosser-Schuöcker, promovierte Juristin und Autorin, ist seit 2008 für den ORF tätig. Ihr Spezialgebiet sind zeitgeschichtliche TV-Dokumentationen (Drehbuch, Regie). Sie veröffentlichte mehrere Sachbücher zur österreichischen Geschichte sowie eine historische Roman-Trilogie: *Der Sturz des Doppeladlers* (2016), *Kinder einer neuen Zeit* (2018) und *Die Stunde der Wölfe* (2021). Zuletzt erschien mit Hannes Leidinger und Christian Rapp das Sachbuch *Freud – Adler – Frankl. Die Wiener Welt der Seelenforschung* (2022).

Dr. Christoph Quarch, geb. 1964, ist Philosoph, Bestsellerautor und Denkbegleiter. Er berät Unternehmen im In- und Ausland, unterrichtet als Assistenz-Professor an der Danube Private University in Krems sowie an der Hamburg School of Business Administration, an der Hochschule Fulda und an der Universität Basel. Für die Wochenzeitung DIE ZEIT veranstaltet er philosophische Reisen. Mit seinen Podcasts, Artikeln und zahlreichen Büchern erreicht er ein breites Publikum im gesamten deutschsprachigen Raum. Dabei schöpft er aus den Quellen der europäischen Philosophie, um tragfähige Antworten auf die Herausforderungen des 21. Jahrhunderts zu finden. Im Jahr 2019 gründete er mit seiner Frau Christine Teufel die Neue Platonische Akademie (www.akademie-3.org) zur Entwicklung eines geistigen Paradigmas für das digitale Zeitalter. www.christophquarch.de

Wolfgang Schüssel, geb. 1945 in Wien, war von 2000 bis 2007 österreichischer Bundeskanzler und als solcher im ersten Halbjahr 2006 Vorsitzender des Europäischen Rates. Bis 2011 war er danach Abgeordneter im Nationalrat. Wolfgang Schüssel ist Autor von mehreren Sachbüchern, unter anderem *Was. Mut: Macht,* 2020 im Ecowing Verlag erschienen.

NACHWEISE

Texte
Die sogenannte Wiener Rathausplatzrede unter dem Titel »Alle, die guten Willens sind« wurde übernommen aus: Viktor E. Frankl, *Wer ein Warum zu leben hat.* © 2017 Beltz & Gelberg in der Verlagsgruppe Beltz, Weinheim Basel. Alle übrigen Texte von Viktor Frankl wurden abgedruckt mit freundlicher Genehmigung der Familie Frankl-Vesely. Der Text »Pax und Logos« wurde mit freundlicher Genehmigung des Plattform Johannes Martinek Verlags übernommen aus: Elisabeth Lukas, *Das Schicksal waltet – Der Mensch gestaltet. Philosophie für den Alltag*. Das Leo Baeck zugeschriebene Friedensgebet wurde abgedruckt mit freundlicher Genehmigung des Leo Baeck Institute, New York.

Abbildungen
Das Dokument auf S. 40/41 stammt aus dem Viktor-Frankl-Archiv. Die Fotos auf S. 2 und 46 stammen ebenfalls aus dem Viktor-Frankl-Archiv (© brandstaetter images/picturedesk.com). Das Copyright für das Foto auf S. 10 liegt bei Votava/brandstaetter images/picturedesk.com, für das auf S. 42 bei ÖNB-Bildarchiv/Franz Blaha/picturedesk.com.